汉语言专业本科系列教材

编写委员会

主　编　郭　鹏

副主编　崔　健　许　皓　赵　菁

编　委　（按姓氏音序排列）

　　　　崔　健　郭　鹏　金海月　刘谦功　刘苏乔　沈庶英　舒　燕

　　　　王　锐　魏新红　许　皓　张亚茹　赵　菁　赵　雷　朱　彤

汉语言技能与知识序列执行主编　赵　菁

编辑委员会

主　任　张　健

副主任　王亚莉　陈维昌

各序列负责人（按姓氏音序排列）

　　　　陈维昌　付彦白　刘艳芬　王　轩　王亚莉

"十二五"国家重点出版物出版规划项目
国家汉办新世纪汉语本科系列教材研发项目
汉语言专业本科系列教材·综合类

ELEMENTARY CHINESE: COMPREHENSIVE COURSE（I）

初级汉语综合教程

上

本册主编：魏新红
编　者：魏新红　刘　畅　闻　亭　孙文访　董　政　刘敬华
翻　译：何　洁

2

ERYA CHINESE　尔雅中文

北京语言大学出版社
BEIJING LANGUAGE AND CULTURE
UNIVERSITY PRESS

图书在版编目（CIP）数据

初级汉语综合教程．上．2 / 魏新红主编．—北京：
北京语言大学出版社，2013.8（2024.10重印）
（尔雅中文）
ISBN 978-7-5619-3628-3

Ⅰ.①初…　Ⅱ.①魏…　Ⅲ.①汉语—对外汉语教学—
教材　Ⅳ.①H195.4

中国版本图书馆CIP数据核字（2013）第198869号

"十二五"国家重点出版物出版规划项目

书　　名：	尔雅中文　初级汉语综合教程（上）2
	ERYA ZHONGWEN　CHUJI HANYU ZONGHE JIAOCHENG (SHANG) 2
责任印制：	邝　天
出版发行：	北京语言大学出版社
社　　址：	北京市海淀区学院路15号　邮政编码：100083
网　　址：	www.blcup.com
电　　话：	发行部　010-82303650 / 3591 / 3648
	编辑部　010-82303647 / 3592 / 3395
	读者服务部　010-82303653 / 3908
	网上订购　010-82303668　service@blcup.com
印　　刷：	北京市金木堂数码科技有限公司
经　　销：	全国新华书店
版　　次：	2013年9月第1版　2024年10月第7次印刷
开　　本：	889毫米×1194毫米　1/16
印　　张：	课本 14.25　练习活页 4.75
字　　数：	333千字
书　　号：	ISBN 978-7-5619-3628-3 / H·13213
定　　价：	92.00元

凡有印装质量问题，本社负责调换。售后QQ号1367565611，电话010-82303590

总　序

《尔雅中文——汉语言专业本科系列教材》(以下简称《尔雅中文》)是面向以汉语作为第二语言的学习者的汉语言专业本科学历教育教材,是继上世纪 90 年代至本世纪初出版的《对外汉语本科系列教材》之后推出的新一代大型系列教材。

近年来,国际职场对复合型汉语人才的需求猛增,对专业建设、教学改革、课程建设以及教材编写都提出了新的要求。我们顺应这一发展趋势,将汉语言专业的人才培养目标由以往单纯强调语言技能的"汉语专门型人才"调整为目前的具备"语言+专业"复合能力的"汉语通用型人才",在汉语言专业陆续增设一些新的方向,凸显出汉语言专业课程体系的时代特色。但是,我们充分认识到,对于汉语言专业的学生而言,核心问题仍是如何更有利于自身语言能力的提高,特别是语言交际能力、认知能力、跨文化交流能力等综合性、复合型能力的提升。因此,虽在语言技能、语言知识课程外增设了较为系统的历史文化、国情社会、经济商务等方向课程,但是,这些课程不是仅用来灌输知识的,而是为更好地扩展语言能力而服务,以语言能力培养为核心的理念并未改变。

《尔雅中文》教材体系与专业课程体系紧密相连,包含了横向和纵向两个序列:横向上,在不断完善语言技能、语言知识、文化系列教材的基础上,增设了较为系统的商务、翻译、教学等专业方向的专业语言技能和专业知识教材;纵向上,建立起更为缜密的综合课与听、说、读、写、译各分技能课的一至四年级的梯度等级,平衡了一般技能课跟各序列的专业技能课、知识课的比例。横向与纵向协调发展,形成了汉语言专业本科大型教材的网状系统,最大程度地体现出专业教学的系统性、关联性、层级性和针对性,也为以汉语言专业为依托、面向汉语作为第二语言学习者的本科专业群的建设奠定了坚实的基础。《尔雅中文》教材相对应的课程序列与梯度等级如图所示:

课程序列与梯度等级示意图

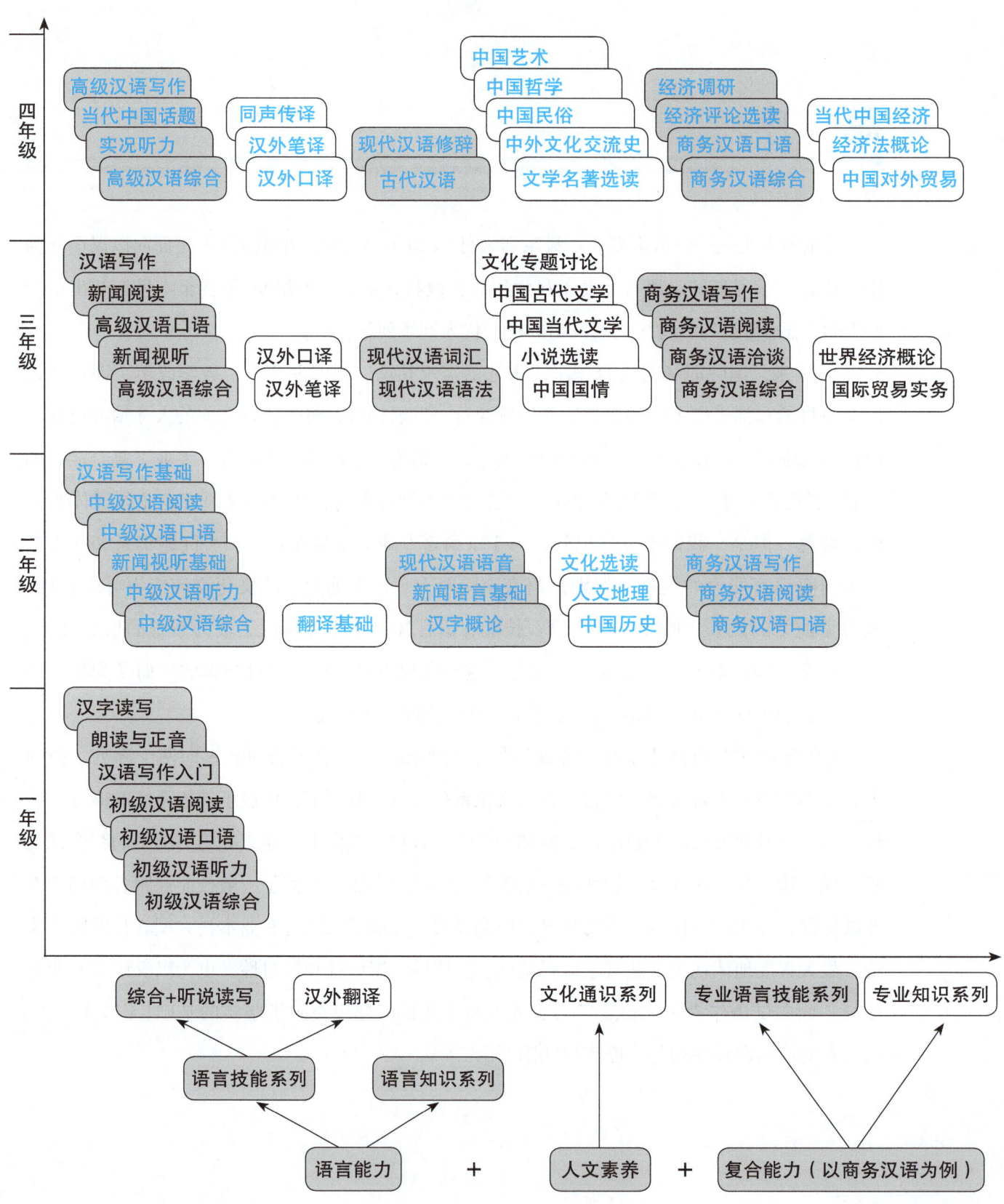

《尔雅中文》系列教材在继承上一代《对外汉语本科系列教材》长处的同时，更加贴近现实社会需要和学习者的需求，也融入了近些年汉语言专业课程建设与教学改革的多方面成果，从而呈现出崭新的面貌，形成了自己的特点。概括起来有以下四点：

一、总体设计更具系统性和前瞻性，最大程度地反映出专业人才培养的新目标

语言技能、语言知识、文化知识、专业语言技能、专业知识五大板块既相互关联，又各自独立。语言技能课程贯穿始终，凸显以养成语言能力为主的专业发展理念；文化知识序列不断丰富，体现出对汉语国际教育本质的全面认识，自觉地将提升人文素质、培养全面发展的人作为汉语言专业本科教育的最终目标。专业技能和知识课程在中高级阶段逐步增加，循序渐进，实现由初级的"语言技能＋语言知识"基础能力向中高级的"语言＋专业"综合能力的自然过渡。同时，各专业方向的教材都具有自身特色，自成体系，体现了统一中的多样性，也体现了专业人才培养模式向厚基础、宽口径、复合型的转变。

二、语言技能序列的设计更具延展性，结构更加合理

作为面向汉语作为第二语言学习者的汉语言专业本科系列教材，由汉语综合技能与以"听、说、读、写"分立形成的各分技能训练无疑是其主干部分。这套教材的设计与编写，不仅填补了中高级阶段"听、说、读、写"分技能教材的诸多空白，而且增强"译"这一重要的技能，形成了"听、说、读、写、译"各自独立并相互关联的完整的分技能序列。与此同时，初、中、高各教学阶段逐层递进，且横向延伸，使得语言技能教材序列更加协调和完整。由于汉语综合课以及听、说、读、写、译各技能课都自成体系，具备面向初、中、高三个阶段、四个年级的多层级和覆盖面广的特点，因此，教材的使用范围、对象就不限于本科学历教育，而是对各种层次和需求的中文学习者都具有不同程度的适用性，可以各取所需。

三、强化以学习者为中心的教材编写意识，跨文化视角更加突出

编写者大都为多年从事汉语作为第二语言教学工作的资深教师，基本上都具有海外汉语教学的经历，对不同课型的教学原则和实践策略有着较为深入的了解和体会，对大量的同类汉语教材的编写理念以及教学法、跨文化交际理论等做过前期研究。从教师规划学习内容、层级、知识点，到编排教材中的练习及设计课堂活动，尽量从学生学习的视角和跨文化的视角去安排、镕裁，换言之，更加重视教材编排跟教学过程、习得过程与效果的关联程度，使语言及文化、商务的教材内容丰富而生动，以提高学生主动学习的兴趣以及课堂活动的参与度。

四、通过调查统计、大纲设计和试用试验等环节，使教材编写有章可循，科学实用

新一代汉语言专业本科系列教材的编写工作启动于2007年，首先对原有教材、国内外市场同类教材的使用情况进行调研。编写者均为相应课型的任课教师，且大多参与过上一代教材的编写工作，对任务轻重和努力方向都有较深的体会。同时，组织资深的教学研究专家以及语言、文化、商务、翻译等领域专家，与教材编写小组共同研讨，确立各部教材的基调，审阅推敲文稿，斟酌取舍。教

材编写过程较长,各位作者付出了大量心血,已编成的教材提交出版前大多试用过几个学期,对象涉及来自世界上80多个国家和地区的上千名留学生,每学期试用后,教师都会汇总情况,分析研究,做出适当的修订、更新。

大纲是教材编写的重要前提,并贯彻于整个编写过程。教材与大纲处于动态关系之中,大纲统摄教材,但并非一成不变,教材编写促使大纲趋于完善。本系列教材主要参照《高等学校外国留学生汉语言专业教学大纲》(2002)和《新汉语水平考试大纲(1-6级)》(2009、2010),同时参酌各类语言大纲、框架、标准、词表、调查报告等研究成果,其中的各个序列、各部教材都按照自身性质与类型,研制了便于操作的词汇、语法、功能及话题大纲,既自成一体,又相互照应。对此,各部教材都有自己的编写前言,会做更详细的说明。大纲编订与教材编写相辅相成,教材一面世,大纲也随即推出,如商务汉语方向的教材编写者同时研制出版了《经贸汉语本科教学词汇大纲》(2012),文化大纲的编订也与教材编写协调配合,这些使得教材编写的科学性和内在系统性得以保障。

根据不同的课程性质和专业方向,《尔雅中文》系列教材划分为四大序列:汉语言技能与知识;汉外翻译;文化通识;商务汉语。翻译往往被视为一种语言技能,原本可归入语言技能与知识序列,但鉴于翻译能力是一种复合能力,翻译类课程及教材在一至四年级自成一统,翻译综合课、口译课、笔译课等体系完备,且涉及多个国别,所以这里单列出来。

北京语言大学面向留学生开办汉语言专业的本科学历教育,始于上世纪70年代末,其成长过程历史地见证了中国改革开放以来汉语国际教育的发展。历经几代人的辛勤努力,2008年9月,汉语言专业被批准为国家级高等学校特色专业;2010年7月,汉语言专业教学团队被评为国家级教学团队。这套教材的大部分编著者均出自这一专业团队。汉语言专业的每一步改革与创新,都离不开北语几代对外汉语教育工作者的关心与鼓励,离不开学校领导及海内外专家的大力支持。这里要特别感谢北京语言大学出版社董事长戚德祥、总编辑张健和各位责任编辑,这套教材历经数年终于得以问世,跟他们的严谨态度、耐心督促和细致工作密不可分,而教材得以入选新闻出版总署"十二五"国家重点出版物出版规划项目,正是教材编写规划团队与编辑出版团队精诚合作的结果。

系列教材取名"尔雅",众所周知,《尔雅》是中国古代汇集分类专门词语以供人学习的经典,这里取其字面义,"尔"通"迩","尔雅"指趋于雅正、得体。语言学习不可一蹴而就,而是一个不断接近目标语和目标文化的累积过程,或许正因如此,英人威妥玛(Thomas Francis Wade)将其所编的汉语口语和书面语教材命名为《语言自迩集》和《文件自迩集》。我们编写新一代汉语言专业本科系列教材,同样是希望学生通过系统的学习,逐渐接近目标语言与文化,获得较强的跨文化交流能力,最终不仅要达到较高的汉语水平,而且要更加深入地了解中国社会政治经济和历史文化。

是为总序。

郭 鹏

于北京语言大学

编写说明

适用对象

　　本教材是留学生汉语言专业本科一年级必修课的综合课教材，适用对象主要针对已有一定汉语基础（词汇量300-500词）的本科一年级留学生，也可供具有同等水平的进修生和其他学习者使用。

　　本教材分为上、下两册。上册为语法阶段，供一年级第一个学期使用，分为一、二两册，每册12课，4课为一个单元，一共24课，六个单元，每个单元有语法小结和单元练习。下册为词汇短文阶段，供一年级第二个学期使用，分为一、二两册，每册9课，共18课。

培养目标

　　本教材着力培养学生听、说、读、写四项言语技能和基本交际能力。语言知识训练与言语技能训练相互结合，同步进行。要求学生了解现代汉语的基本特点，并学会比较准确地运用汉语进行初级水平的口头和书面表达。同时，注意培养学生学习汉语的兴趣和方法。

编写理念

　　本教材继承北京语言大学编写综合汉语教材的传统，以句法结构为纲，兼顾交际功能和文化。结构、功能、文化相结合是本教材的编写原则。我们根据语法结构的特性，在语法的引入及操练、课文的编写、练习的设计上都注重交际性，尽量设置真实情景，融合功能与文化，力求做到三方面的结合。

　　本教材在总体设计上借鉴第二语言习得理论。每一课从学习提示，到热身活动，到课堂练习的编排，到课后任务的设计，到文化知识的补充，再到学习后记，都充分考虑学生的学习规律和学习顺序。

上册教材构成

A: 上册课本部分（共24课，4课为一个教学单元，附语法小结）

学习提示			话题　重点词（10个左右）　重点句（5个）　语法　语音练习　词汇积累 汉字认知　文化阅读
热身活动		想一想 说一说	通过图片，提出与本课话题、文化相关的思考题，引起学生学习兴趣。
课堂学习	课文一	听一听	对话体课文，以听课文来引入，对学生提出一个总括性的问题，考查学生的听力，并引起学生学习课文的兴趣。
		练一练	有4个练习形式：读课文、根据课文内容提问并回答、分角色表演、模仿课文进行交际练习等。
	词语一	读一读 写一写	列表出生词：每课生词30个左右，每篇课文的生词10-20个，尽可能给出搭配。
	重点词一	学一学	每课重点词10个左右，列出重点词的例句3-4个，必要时出结构。
		练一练	用重点词填空
	课文二	听一听	叙述体课文，以听课文来引入，对学生提出一个总括性的问题，考查学生的听力，并引起学生学习课文的兴趣。
		练一练	有4个练习形式：读课文、根据课文内容提问并回答、根据课文内容填表（空）并复述课文、用提示词进行自由表达练习等。
	词语二	读一读 写一写	同词语一
	重点词二	学一学	同重点词一
		练一练	同重点词一
	语法	学一学	每课1-4个语法点。
		练一练	根据语法点的特性选择2-4种题型，每种题型4-6个练习。
实践活动	语音练习		包括辨音练习、双音节练习、多音节练习、句子练习。
	词汇积累		对本课的词汇进行扩展，扩大学生词汇量。
	汉字认知		对汉字知识进行简单介绍，让学生对汉字有初步的认识。
	交际任务		要求学生走出课堂，去完成一个交际任务，任务具体、易操作。
	文化阅读		根据本课内容选择学生感兴趣的文化点，阅读文字简单易懂，文后附有简单的练习，供学生自我检查。
学习后记			让学生自己检查是否掌握了本课内容，包括词语和语言点两方面。

B: 上册课后练习活页

☆每课课后均编写10个练习，练习与课本配套，采用活页形式，题型保持一致。

☆每4课一个综合性的单元练习，配合单元语法小结，可做单元测验使用。

☆每一分册附一套测试题，模拟正式考试，可让学生自测，也可做模拟测验使用。

下册教材构成

A: 下册课本部分（共 18 课，3 课为一个教学单元，每个单元一个话题）

学习提示		话题　重点词（5-8 个）　语言点　汉字知识
热身活动	想一想说一说	通过图片，提出与本课话题、文化相关的思考题，引起学生学习兴趣。
课堂学习	课文 听一听	叙述体课文，以听课文来引入，对学生提出一个总括性的问题，考查学生的听力，并引起学生学习课文的兴趣。
	课文 练一练	有 4 个练习形式：读课文、根据课文内容提问并回答、根据课文内容填表（空）并复述课文、用提示词进行自由表达练习等。
	词语 读一读写一写	列表出生词：每课生词 40 个左右，尽可能给出搭配。
	重点词 学一学	每课重点词 5-8 个，列出重点词的例句 3-4 个，必要时给出结构。
	重点词 练一练	有两个练习形式：用重点词填空（填在句子中）；用本课所学的生词填空（填在短文中）。
	语言点 学一学	每课 1-3 个语言点。
	语言点 练一练	根据语言点的特性选择 1-2 种题型，每种题型 4-6 个练习。
汉字知识		在一年级上学期学习汉字的基础上，让学生对汉字有进一步的认识。
学习后记		让学生自己检查是否掌握了本课内容，包括词语和语言点两方面。

B: 下册课后练习活页

☆每课课后均编写 8 个练习，练习与课本配套，采用活页形式，题型保持一致。

☆每 3 课一个综合性的单元练习，可做单元测验使用。

☆每一分册附一套测试题，模拟正式考试，可让学生自测，也可做模拟测验使用。

教材特点

• 注重交际性

在课文编写上，我们注意设置真实的情景，注重交际性。

每一课都有一个课堂上进行的情境练习，借以让学生运用刚刚学习的知识进行综合交际训练。我们提供相对自然真实的情景，指令清楚，容易操作，让学生积极主动地投入到练习中来，充分利用有限的课堂时间来展示他们的学习成果，提高他们的口语交际能力，让学生有成就感和满足感，促进学习积极性。同时，也让教师在最短的时间内检查本课教学的成果，发现教学中存在的问题，以便在今后的教学中及时纠正。

课后还有一个课外交际任务，设计也充分考虑了交际性，让学生走出课堂与中国人进行交流，完成教材设计的任务，从而提高交际能力。

• 注重系统性

语法结构的系统性：虽然本教材不是针对零起点的学生，但是我们在教材中力求保证语法的系统性。教材涵盖了新汉语水平考试二级以后的主要语法项目，并对一、二级的部分重要语法项目整合之后进行了重现。

文化引入的系统性：本教材重视文化的引入，从课前思考问题的提出，到课文的编写，再到交际训练以及交际任务的设计，最后到文化点滴的补充，我们都把文化作为一条线索贯穿始终，将一课的内容串联起来，这样能使学生对中国文化形成思考并进行对比，在更深的层面上理解中国文化，更轻松地融入汉语学习的氛围中，更好地与中国人进行交流。

• 注重层次性

上册每课包括两篇课文，从对话体到叙述体，注意由单句到语段的过渡，注重培养学生成段表达的能力。

课后练习编排注意字——词——句——语段的过渡。在题型设置上，课堂练习、课后练习和单元练习都注意从机械到灵活。在生词、重点词、课文、语法学习的基础之上，我们还设计了提高学生综合语言能力的交际训练——交际任务。

• 注重实用性

为了便于教师和学生使用，教材采用板块式设计，每一课分为若干教学板块：学习提示、热身活动、课堂学习、实践活动、学习后记，这五大板块又分为若干小的板块（见前面教材构成表），各个板块都设置明确的图标进行提示。

教材遵循学生学习规律，结合学习策略，在每一课前，增加学习提示，以表格形式列出话题、重点词、重点句、语法点等，让学生了解本课的主要内容，引导学生学习。在课后增加学习后记，让学生自己检查是否掌握了本课内容，培养学生自主学习的能力。课文的交际及表达练习、语法的情景练习、课后交际任务的设计也贴近学生生活，充分考虑学生的交际需要，让学生在课堂上学习后即可在课堂上展示，并能走出课堂去课外完成交际任务。教材上册每四课之后，还编写了单元语法小结，让学生及时对自己所学习的内容进行复习与整合。教材编写了丰富的课后练习，还配合单元小结编写了丰富的单元练习，可做单元测验使用，并在教材上、下册的每一分册后附上一套总测试题，供教师做模拟测验使用，也可让学生自测。

教材力求做到从教学实际出发，符合教学实际需要，方便教师使用。教材中课文、生词、重点词、语法等均给出学习步骤和学习方法，重点词部分还编写了例句和练习；语法部分也编写出有针对性的、便于教师课堂使用的练习。

使用建议

本教材上册建议4-6课时（每课时50分钟）完成一课。第1、2课时学习课文一，包括这一部分的生词、重点词及语法；第3、4课时学习课文二，包括这一部分的生词、重点词及语法；第5、6课时复习和做实践活动，包括语音练习、词汇积累、汉字认知、交际任务和文化阅读。（如时间紧张，这一部分可留作课后作业，让学生课后完成）

本教材下册建议4-6课时完成一课。第1、2课时学习生词和重点词，第3、4课时学习课文并做自由表达练习，第5、6课时复练课文和做练习。

人物介绍

王一中
Wáng Yīzhōng

男，50岁左右，教师，在北京语言大学工作，教汉语综合课，爱好书法。

山口爱子
Shānkǒu Àizǐ

女，18岁，日本留学生，在北京语言大学学习汉语，爱好看电影、听音乐。

金大成
Jīn Dàchéng

男，19岁，韩国留学生，在北京语言大学学习汉语，爱好上网、运动（特别是踢足球）。

杰克
Jiékè

男，18岁，美国留学生，在北京语言大学学习汉语，爱好交朋友、旅行。

安娜
Ānnà

女，18岁，俄罗斯留学生，在北京语言大学学习汉语，爱好看书。

欧阳兰
Ōuyáng Lán

女，20岁，学生，在北京大学法学院学习法律。

李伟
Lǐ Wěi

男，25岁左右，律师，欧阳兰的男朋友。

语法术语表

语法术语	拼音	英文	简称
名词	míngcí	Noun	N
方位词 / 处所词	fāngwèicí / chùsuǒcí	Noun of Locality	NL
代词	dàicí	Pronoun	Pron
动词	dòngcí	Verb	V
形容词	xíngróngcí	Adjective	Adj
副词	fùcí	Adverb	Adv
数词	shùcí	Numeral	Num
量词	liàngcí	Measure Word	M
数量词	shùliàngcí	Quantifier	Q
介词	jiècí	Preposition	Prep
助词	zhùcí	Particle	Pt
连词	liáncí	Conjunction	Conj
叹词	tàncí	Interjection	Int
前缀	qiánzhuì	Prefix	Pre
后缀	hòuzhuì	Suffix	Suf
名词短语	míngcí duǎnyǔ	Nominal Phrase	NP
动词短语	dòngcí duǎnyǔ	Verbal Phrase	VP
形容词短语	xíngróngcí duǎnyǔ	Adjectival Phrase	AP
数量短语	shùliàng duǎnyǔ	Quantitative Phrase	QP
主语	zhǔyǔ	Subject	S
谓语	wèiyǔ	Predicate	P
宾语	bīnyǔ	Object	O
定语	dìngyǔ	Attributive	
状语	zhuàngyǔ	Adverbial	
补语	bǔyǔ	Complement	

主要符号说明

符号	符号说明	示例
➢	表示后面为重点词语或结构的释义	V + 一下 ➢ 表示做一次，有时间短、尝试的意义。
┌─┐ │+│ └─┘	表示组合框架	（1） 　┌─────┐ 　│怎么 + V│ 　└─────┘ （2） | 主语（S）		谓语（P）	
---	---	---	---
A	比	B	Adj / V（O）
我	比	他	高。
我	比	他	喜欢音乐。	
（　）	表示可以有也可以没有 表示注释或补充说明	你多大（了）？ （1）V + O（事物） （2）你没听说过这句话吗？ 　（你应该听说过这句话。）
（×）	表示前面为错误的搭配或句子	来中国以前我每天早上都跑步了。（×）
/	表示"或者"	A + 比 + B + 还 / 还要 / 更 + Adj / V（O）
//	表示离合词注音方式	上网 shàng//wǎng
⇒	表示变换句式	我买牛奶。⇒ 你买什么？
→	表示"从……到……"	🕒 → 🕛
	表示释义和说明	（1） ➢ "……，对了，……"表示忽然想起应该做的或者应该补充说明的事情。 （2） 注意　Note： ➢ "还是"一般用在最后一个选择项前，即"A还是B"、"A、B还是C"。

目 录

第 13 课　我记错时间了 1

话　　题	接人
重 点 词	都……了　着急　晚点　不是……，而是……　总是　放心　明白 顺利　准时
重 点 句	1. 我还没说完呢，不是早上，而是晚上。 2. 我记错时间了，记成早上八点了。 3. 放心，这次我记住了。 4. 我们等了一个多小时也没等到。 5. 希望这次他能记对时间。
语　　法	结果补语
语音练习	综合语音练习及诗歌朗读——《一去二三里》
词汇积累	心理动词及情绪表达动词
汉字认知	日字旁（日）和日字头（⊟）的汉字
文化阅读	迎来送往

第 14 课　你当过导游吗 15

话　　题	谈经历
重 点 词	像……什么的　时　选择　适合　经历　大多　参观　职业
重 点 句	1. 我以前来过一次中国。 2. 这是我第一次来北京。 3. 你去过北京的哪些地方？ 4. 来北京以后我去过很多地方，像长城、故宫什么的。 5. 我简单地介绍了一下自己的工作经历。
语　　法	1. 过去的经验或经历——动态助词"过" 2. 状语与结构助词"地"
语音练习	综合语音练习及诗歌朗读——《锄禾》
词汇积累	职业及工作地
汉字认知	言字旁（讠）的汉字
文化阅读	北京的名胜古迹

I

第 15 课　我是前天回来的 30

话　　题	介绍城市
重 点 词	举行　开会　尝　紧张　其中　有名　全　搬
重 点 句	1. 您是什么时候回来的?
	2. 我是坐火车回来的。
	3. 是不是飞机票不好买?
	4. 我是在火车站买的。
	5. 除了风景优美以外，青岛还有很多企业。
语　　法	1. 强调的表达——是……的
	2. 除了……（以外），……
语音练习	综合语音练习及诗歌朗读——《天净沙·秋思》
词汇积累	天气及自然现象
汉字认知	三点水（氵）的汉字
文化阅读	中国的交通

第 16 课　我只好走上来了 45

话　　题	谈坏习惯
重 点 词	用　修　只好　好处　改　经常　丢三落四　原来　拿
重 点 句	1. 优盘我忘带回去了。
	2. 电梯坏了，我只好走上来了。
	3. 我经常丢三落四的。
	4. 我只好跑上楼去拿我的手机。
	5. 我和他一起走回学校去了。
语　　法	1. 简单趋向补语
	2. 复合趋向补语
语音练习	综合语音练习及诗歌朗读——《绝句》
词汇积累	电脑及相关设备
汉字认知	金字旁（钅）的汉字
文化阅读	汉语成语

第四单元（第 13–16 课）语法小结 61

第17课　她穿着婚纱真漂亮 63

话　　题	婚礼
重点词	结婚　拍照　从来　听说　热闹　换　开心　下雨
重点句	1. 欧阳兰穿着婚纱真漂亮！ 2. 最近我们正忙着订酒店呢。 3. 我还从来没参加过中国人的婚礼呢！ 4. 他们拍了很多照片，还换了好几套衣服，有些是西服、婚纱，有些是中国传统服装。 5. 欧阳兰站着，李伟跪着，捧着鲜花，两个人都笑得很开心。
语　　法	状态的持续或动作的进行——V + 着
语音练习	综合语音练习及诗歌朗读——《关雎》
词汇积累	穿着及佩戴（pèidài）
汉字认知	绞丝旁（纟）的汉字
文化阅读	中国人的婚礼

第18课　我把旅行箱搬到你房间了 78

话　　题	搬家
重点词	放　摆　贴　倒　布置　收拾　准备　装　最后　以为
重点句	1. 我把旅行箱搬到你房间了。 2. 把"福"字贴在门上吧。 3. 你可以把房间布置成"武术世界"。 4. 先把书、杂志、光盘什么的放到纸箱子里，然后把衣服装到旅行箱里，最后把小条儿贴在箱子上。 5. 我打算把不用的东西送给朋友。
语　　法	"把"字句（1）
语音练习	综合语音练习及诗歌朗读——《元日》
词汇积累	动作动词
汉字认知	提手旁（扌）的汉字；反文旁（攵）的汉字
文化阅读	中国的历法

第 19 课　那边走过来一个人 94

话　　题　网上购物、介绍房间
重 点 词　一共　检查　签字　铺　挂　空　来得及
重 点 句　1. 那边走过来一个人。
　　　　　　2. 怀里抱着一个大箱子。
　　　　　　3. 床上铺着新买的床单。
　　　　　　4. 墙上挂着一幅中国的山水画。
　　　　　　5. 衣服还没来得及收拾呢。
语　　法　存现的表达——存现句
语音练习　综合语音练习及诗歌朗读——《游子吟》
词汇积累　常见洗漱（xǐshù）用品及用途
汉字认知　竹字头（⺮）的汉字
文化阅读　中国互联网的发展

第 20 课　我把桌子和椅子都摆好了 107

话　　题　做客、做菜
重 点 词　打开　递　帮忙　麻烦　需要　做客　炒　倒　味道
重 点 句　1. 等一会儿咱们把酒打开。
　　　　　　2. 我去把椅子搬过来。
　　　　　　3. 麻烦你把这些水果洗一下。
　　　　　　4. 我把桌子和椅子都摆好了。
　　　　　　5. 她把炒土豆丝的做法告诉了我。
语　　法　1. "把"字句（2）
　　　　　　2. 无标志被动句
语音练习　综合语音练习及诗歌朗读——《枫桥夜泊》
语汇积累　菜的做法及各种调料
汉字认知　草字头（艹）的汉字；木字旁（木）的汉字
文化阅读　乔迁之喜

第五单元（第 17-20 课）语法小结 123

第 21 课　我一点儿也看不出来 124

话　　题	看京剧
重 点 词	清楚　话　吵　一……也不/没……　代表　部分　倒数
重 点 句	1. 我听不清楚你的话。 2. 现在还买得到票吗？ 3. 演女主角的是个男演员，你看得出来看不出来？ 4. 我一点儿也看不出来。 5. 大部分我都听不懂。
语　　法	1. 可能补语 2. 趋向补语"出来"的引申用法
语音练习	综合语音练习及诗歌朗读——《赠汪伦》
词汇积累	影视与戏剧
汉字认知	竖心旁（忄）的汉字；心字底（心）的汉字
文化阅读	中国的传统戏剧

第 22 课　我想一放假就回国 139

话　　题	旅行计划
重 点 词	放假　计划　一……就……　决定　连……都/也……　再说　俗话　实现
重 点 句	1. 我想一放假就回国。 2. 我也想利用假期去哪儿玩儿玩儿。 3. 你没听说过吗？ 4. 我已经决定回国了，连飞机票都买好了。 5. 我一直想什么时候去看看。
语　　法	1. 反问句（2）——用"没（有）……吗"表示反问、用疑问代词表示反问 2. 疑问代词表示虚指
语音练习	综合语音练习及诗歌朗读——《静夜思》
词汇积累	名山大川
汉字认知	国字框（囗）的汉字
文化阅读	中国的行政区划

第 23 课　他被撞倒了 155

话　　题	看比赛、谈成长经历
重 点 词	罚　可惜　赢　从小　成为　可……了　后来　摔
重 点 句	1. 红队被罚了两张黄牌。
	2. 他应该没被撞伤。
	3. 他让裁判罚下去了。
	4. 我从小就喜欢踢足球，梦想是成为一个足球明星。
	5. 我踢球的历史可长了！
语　　法	"被"字句
语音练习	综合语音练习及诗歌朗读——《登鹳雀楼》
词汇积累	体育项目及相关人员
汉字认知	肉月旁（月）的汉字
文化阅读	中国的体育运动

第 24 课　想去哪儿就去哪儿 169

话　　题	谈进步
重 点 词	进步　敢　帮助　认为　感兴趣　另外　影响　尤其　毕业　有关
重 点 句	1. 我刚来的时候什么也不会说。
	2. 我现在想去哪儿就去哪儿。
	3. 只要努力学习，就一定能学好汉语。
	4. 只有对汉语感兴趣，才能学好它。
	5. 我希望将来毕业以后，也像妈妈一样做与汉语有关的工作。
语　　法	1. 疑问代词活用——任指和特指
	2. 只要……，就……
	3. 只有……，才……
语音练习	综合语音练习及诗歌朗读——《送杜少府之任蜀州》
词汇积累	学历与学位
汉字认知	形声字
文化阅读	汉语的特点

第六单元（第 21–24 课）语法小结 185

第 13–24 课生词索引 187

第 13–24 课语法总结 200

13 我记错时间了

学习提示

话　　题	接人
重 点 词	都……了　着急　晚点　不是……，而是……　总是　放心 明白　顺利　准时
重 点 句	1. 我还没说完呢，不是早上，而是晚上。 2. 我记错时间了，记成早上八点了。 3. 放心，这次我记住了。 4. 我们等了一个多小时也没等到。 5. 希望这次他能记对时间。
语　　法	结果补语
语音练习	综合语音练习及诗歌朗读——《一去二三里》
词汇积累	心理动词及情绪表达动词
汉字认知	日字旁（日）和日字头（曰）的汉字
文化阅读	迎来送往

热身活动

想一想 说一说

去机场时，你会选择哪种交通工具？在机场，你用过哪些设施？

What means of transportation would you like to choose to go to the airport? What facilities did you use at the airport?

机场大巴 jīchǎng dàbā

机场快轨 jīchǎng kuàiguǐ

出租车 chūzūchē

问讯处 wènxùnchù

行李寄存处 xíngli jìcúnchù

行李托运处 xíngli tuōyùnchù

课堂学习

听一听 13-1

听前问题：金大成接到朋友了没有？

（早晨，爱子陪金大成在首都机场接朋友）

爱　子：快看看你的朋友出来了没有。看到了吗？

金大成：没有啊！他在电子邮件里说飞机八点到北京，现在都十点了，早该接到了。

爱　子：咱们去看一下航班时刻表吧。

金大成：怎么没有这个航班？

爱　子：别着急，我去问问工作人员，可能飞机晚点了。

（爱子问工作人员回来）

金大成：工作人员怎么说？

爱　子：飞机还没起飞呢！

金大成：什么？

爱　子：他们在电脑上查了一下，说飞机八点到北京。

金大成：没错儿，是八点啊！

爱　子：我还没说完呢，不是早上，而是晚上！

金大成：糟糕！我记错时间了，记成早上八点了。

爱　子：你总是这么粗心！真是个马大哈。

金大成：放心，这次我记住了。

📄 练一练

1. 读课文　Read the text.

2. 根据课文内容提问并回答　Ask and answer questions based on the text.

　　例：金大成为什么没有接到朋友？

3. 分角色表演　Role play.

4. 两人一组，模仿课文，表演去机场接朋友

　　Work in pairs. Act as if you are picking up a friend at the airport following the text.

A	B
快看看……	
咱们去看一下……	怎么没有……
别着急，……	……怎么说？
不是……，而是……	糟糕！……
你总是……	放心，……

词 语 一

读一读 写一写 13-2

序号	词语	拼音	词性	英文释义	搭配
1	电子邮件	diànzǐ yóujiàn		e-mail	发电子邮件
2	都……了	dōu……le		already	都八点了 都秋天了
3	接	jiē	动词	to pick sb. up	接人 去机场接朋友
4	航班	hángbān	名词	flight	
5	时刻表	shíkèbiǎo	名词	schedule	航班时刻表
6	着急	zháojí	形容词	worried, anxious	真着急
		zháo//jí	动词	to get worried, to feel anxious	别着急
7	人员	rényuán	名词	personnel	工作人员
8	晚点	wǎn//diǎn	动词	to be late	飞机晚点 可能晚点了
9	起飞	qǐfēi	动词	(of a plane) to take off	飞机起飞
10	电脑	diànnǎo	名词	computer	用电脑 在电脑上查一下
11	完	wán	动词	to finish	说完 看完 吃完
12	不是……，而是……	búshì……，érshì……		not... but...	不是早上，而是晚上
13	糟糕	zāogāo	形容词	terrible, too bad	真糟糕
14	记	jì	动词	to remember	记生词 记一下
15	错	cuò	形容词	wrong	记错了 写错了
16	成	chéng	动词	to turn into	记成早上八点了 看成王老师了
17	总是	zǒngshì	副词	always	总是迟到 总是不高兴
18	粗心	cūxīn	形容词	careless, thoughtless	真粗心 总是粗心
19	马大哈	mǎdàhā	名词	careless and forgetful person	真是个马大哈
20	放心	fàng//xīn	动词	to feel relieved	请放心 不太放心

第13课 我记错时间了

重点词一

学一学

都……了
(1) 都十二点了，快睡觉吧。
(2) 都秋天了，天气还这么热。
(3) 都下课了，他还在看书。

着急
(1) 他迟到了半个多小时了，大家都很着急。【Adj】
(2) A：我的自行车呢？
　　B：别着急，再找找。
(3) 你什么时候会着急？【V】

晚点
(1) 今天天气不好，飞机晚点了。
(2) A：这个航班怎么还没到？
　　B：可能晚点了。
(3) 对不起，火车晚点了。

> （火车、飞机、船）开出、到达的时间比规定的时间晚。
> (of trains, airplanes and ships) to depart or arrive later than schedule

不是……，而是……
(1) A：飞机八点到北京。
　　B：没错儿，是八点啊！
　　A：我还没说完呢，不是早上，而是晚上！
(2) A：他是日本人吗？
　　B：他不是日本人，而是韩国人。
(3) A：咱们明天是去美术馆吗？
　　B：不是去美术馆，而是去三里屯。

> 表明说话人的判断。"不是"和"而是"的后面可以是同类的名词、动词、代词等，也可以是小句。
> It indicates the judgment made by the speaker. Nouns, verbs and pronouns of the same category or clauses can be used after "不是" and "而是".

总是
(1) 他每天晚上睡得太晚，所以总是迟到。
(2) 我爸爸总是很忙。
(3) 我周末总是睡懒觉。

> 表示情况、状态持续不变。
> It indicates a situation or state remains unchanged.

放心
(1) A：我的电话号码你记住了没有？
　　B：放心，已经记住了。
(2) 这是我第一次来中国，所以爸爸妈妈对我不太放心。
(3) 你找到工作了，我也放心了。

5

练一练

用所给词语填空　Fill in the blanks with the given words.

> 都……了　着急　晚点　不是……，而是……　总是　放心

（1）他一个人去，我不太_____。

（2）下课以后我_____去图书馆学习。

（3）A：照片上这个人是你哥哥吗？

B：他_____我哥哥，_____我弟弟。

（4）A：你朋友怎么还没出来？

B：别_____，可能飞机_____了。

（5）你不是八点半上课吗？现在_____八点_____，快起床吧。

课文二

听一听

> 听前问题：金大成接到朋友了没有？顺利吗？

金大成的一个日本朋友今天来北京，我陪他去机场接人，不过去了两趟。

第一趟是早上。我们坐机场大巴，七点五十就到了。可是，等了一个多小时也没等到他的朋友。我去服务台一问才明白，是金大成记错时间了。飞机是晚上八点到，他记成早上八点了。

第二趟是晚上。我们打的去了机场，这次很顺利。飞机八点准时降落，出关和取行李都很快，不到九点他的朋友就出来了。

后天，金大成还要去火车站，陪他的朋友去上海旅行，希望这次他能记对时间。

练一练

1. 读课文　Read the text.

2. 根据课文内容提问并回答　Ask and answer questions based on the text.

> 例：金大成第一趟去机场的时候为什么没接到朋友？

3. 根据课文内容填表，然后复述课文　Fill in the form based on the text and then retell the text.

	第一趟	第二趟
时间		
方式		
结果		

4. 用下列提示词，介绍去机场接朋友的过程

Use the following words to talk about how you picked up your friend at the airport.

接　放心　航班　晚点　顺利　准时　降落　出关

词　语　二

读一读　写一写

序号	词语	拼音	词性	英文释义	搭配
1	大巴	dàbā	名词	bus	机场大巴　坐大巴
2	服务台	fúwùtái	名词	service center	机场服务台　商店服务台
3	明白	míngbai	动词	to know, to understand	明白了　不明白
			形容词	obvious, clear	很明白
4	打的	dǎ//dī	动词	to take a taxi	打的来学校　打的去机场
5	顺利	shùnlì	形容词	smoothly, successfully, without a hitch	很顺利　不太顺利
6	准时	zhǔnshí	形容词	punctual, on time	准时起飞　准时上课
7	降落	jiàngluò	动词	to land	飞机降落　准时降落
8	（海）关	(hǎi) guān	名词	customs	出关
9	行李	xíngli	名词	luggage, baggage	取行李　寄行李

| 10 | 后天 | hòutiān | 名词 | the day after tomorrow | 后天去　后天来 |
| 11 | 火车站 | huǒchēzhàn | 名词 | railway station | 去火车站　在火车站 |

重点词二

学一学

明白　（1）你的意思我们都明白了。　　【V】
　　　　（2）A：同学们明白了吗？
　　　　　　 B：明白了。
　　　　（3）老师讲得很明白，大家都听懂了。　　【Adj】
　　　　（4）不好意思，我没听明白，您能再说一遍吗？

顺利　（1）考试很顺利。
　　　　（2）祝你一切顺利！
　　　　（3）你来北京，一路顺利吗？

准时　（1）他每天都来得很准时。
　　　　（2）请大家明天早上八点准时到教室。
　　　　（3）你们今天都准时来上课了吗？

练一练

用所给词语填空　Fill in the blanks with the given words.

明白　顺利　准时

（1）明天早上八点考试，请大家＿＿＿＿＿参加。
（2）你＿＿＿＿＿这个词的意思吗？
（3）A：这次旅行怎么样？
　　 B：很＿＿＿＿＿，我们都玩儿得很高兴。

语 法

学一学

结果补语 Complement of Result

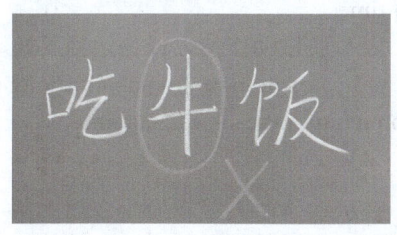

> A:"饭"这个字写对了吗?
> B:写对了。
> A:哪个字写错了?
> B:"牛"写错了,应该是"午"。

（1）A：上午十点见面,你怎么现在才来？
　　　B：对不起,我记错时间了。

（2）A：你做完作业了没有？
　　　B：我做完作业了。

> V+结果补语（+O）+了
> ➢结果补语用来说明动作的结果。
> 可以由动词充当：到、完、成、住、懂……
> 也可以由形容词充当：对、错、好……
> A complement of result is used to indicate the result of an action.
> The following verbs can be used as complements of result: 到、完、成、住、懂……
> The following adjectives can also be used as complements of result: 对、错、好……

（3）这本书我没看完。
（4）我听了两遍,可是还没听懂。

> 否定形式：
> Negative form:
> 没（有）+V+结果补语

（5）A：你写完作业了没有？
　　　B：刚写完,你呢？
　　　A：我还没写完。

> 正反疑问形式：
> Affirmative-negative form:
> V+结果补语（+O）+了+没有？

（6）这次考试,一共五道题,我做对了四道,只做错了一道。

> 注意 Note：
> ➢当句中有动态助词"了"时,"了"放在结果补语后面,宾语前面。
> The aspect particle "了" is placed after the complement of result and before the object.

主语（S）	谓语（P）		
	V	结果补语	宾语（O）
我	做	完	作业	了。

结果补语 "到" "成" "住" "好" Complements of Result "到", "成", "住" and "好"

V + 到　（1）现在都十点了，早该接到了。
　　　　（2）今天早上我睡到十点才起床。
　　　　（3）我们学到第13课了。

> 表示动作达到目的。
> It indicates the purpose of an action.
> 表示动作持续到某时刻。
> It indicates an the action lasts until some point of time.
> 表示通过动作使人或物达到某处。
> It indicates an action enables somebody or something to reach some point.

V + 成　（1）飞机是晚上八点到，金大成记成早上八点了。
　　　　（2）"人"你写成"入"了。

> 表示动作使人或物发生变化，从一种情况或状态变为另一种情况或状态。
> It indicates an action enables somebody or something to change from one state to another.

V + 住　（1）这次我记住了。
　　　　（2）拿住了！

> 表示通过动作使事物牢固、稳固。
> It indicates an action enables something to be firm and steady.

V + 好　（1）这次一定要记好时间。
　　　　（2）晚饭做好了吗？

> 表示通过动作使事情完成或达到完善的地步。
> It indicates an action makes something complete or perfect.

练一练

1. 用所给词语填空　Fill in the blanks with the given words.

> 完　成　到　住　对　错　好

（1）不好意思，我打_____电话了。

（2）今天的考试很容易，我半个小时就做_____了。

（3）"10"我常常听_____"4"。

（4）这个字你怎么又写_____了？我再给你写一遍……记_____了没有？

（5）今天一共听写了12个生词，我都写_____了。

（6）明天要听写的生词你预习_____了没有？

（7）那本书你买_____了没有？

2. 根据下列图片，用结果补语说句子

Make sentences using complements of result based on the following pictures.

例：A：你做好饭了吗？
　　B：做好了。

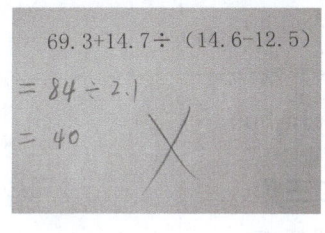　　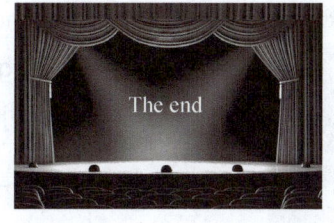　　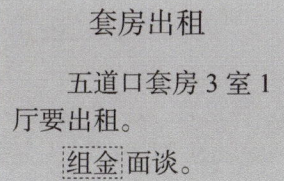

（1）_____　　（2）_____　　（3）_____

实 践 活 动

语 音 练 习　13-5

一、双音节练习　Practice the disyllabic words.

糟糕	接人	机场	车站	休息
航班	着急	啤酒	服务	明白
起飞	准时	晚点	总是	喜欢
放心	练习	电脑	顺利	客气

二、多音节练习　Practice the polysyllabic words.

【结果补语】听懂了　　没听懂　　听懂了没有
　　　　　　接到了　　没接到　　接到了没有
　　　　　　记住了　　没记住　　记住了没有

预习好了	没预习好	预习好了没有
做完作业了	没做完作业	做完作业了没有
记错时间了	没记错时间	记错时间了没有

三、朗读诗歌　Read the poem.

Yí Qù Èr-Sān Lǐ
[Sòng] Shào Kāngjié
Yí qù èr-sān lǐ,
Yāncūn sì-wǔ jiā.
Tíngtái liù-qī zuò,
Bā-jiǔ-shí zhī huā.

一去二三里
[宋]邵康节
一去二三里，
烟村四五家。
亭台六七座，
八九十枝花。

词汇积累

笑 xiào	哭 kū
爱 ài	恨 hèn
喜欢	讨厌 tǎoyàn
开心	难过 nánguò
害怕 hàipà	担心 dān//xīn

汉 字 认 知

日字旁（日）和日字头（曰）的汉字　Characters with the Radical "日" and "曰"

下面几个汉字的部首是"日"和"曰"：

The following characters have "日" and "曰" as the radical, which is pronounced rìzìpáng（日字旁）and rìzìtóu（日字头）.

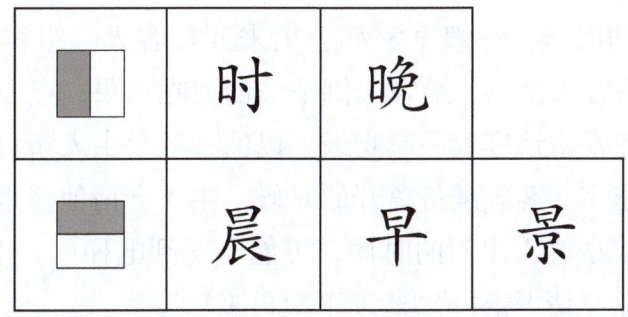

日字旁和日字头的汉字最早的意思都和太阳、时间有关系。

Characters with the radical "日" and "曰" were related to the sun and time.

交 际 任 务

问问你的朋友，他们有没有记错过时间、地方或者什么事情，结果如何。至少写出三个，填在下面的表里。下次课汇报。

Interview three or more of your friends about whether they made mistakes about time, place or something else and talk about the results of them. Make a report on them in the next class.

记错了	结果

文化阅读

迎来送往（Welcoming visitors and seeing them off）

孔子（Confucius）说："有朋自远方来，不亦乐乎？"意思是：朋友从很远的地方来，不是很高兴吗？中国是个好客的国家，中国人喜欢请朋友到家里来做客。

家里来客人的时候，一般全家都会出来迎接客人，跟客人打招呼。主人会主动（initiatively）请客人坐下，给客人倒茶，请他吃水果、点心什么的。如果快到吃饭的时间，主人还常常请客人一起吃饭。以前一般是主人亲自在家做，最近几年去饭馆的情况越来越多。客人准备离开的时候，主人会请他多坐一会儿，这是一种礼貌、客气的表示。送客人出门的时候，可能会送到电梯口、楼下，甚至（even）车站，还常对客人说："请慢走！""欢迎下次再来！"

上面是中国人招待（to entertain）客人的礼节。那么，如果外国人去中国人家里做客，作为客人应该注意哪些问题呢？首先，去的时候最好带些礼物，水果、酒、自己国家的纪念品都是很好的礼物。其次（secondly），时间差不多的时候，应该主动提出离开。离开的时候，客人应该请主人"留步"。

判断正误：

1. 客人来的时候，家里的其他人一般不会跟客人见面。　　　　（　　）
2. 如果是吃饭的时间，主人都会请客人一起在家吃饭。　　　　（　　）
3. 去别人家做客时，水果是一种合适的礼物。　　　　　　　　（　　）
4. 如果主人请客人多坐一会儿，客人就不应该离开。　　　　　（　　）

学习后记

词语	语言点

14 你当过导游吗

学习提示

话　题	谈经历
重点词	像……什么的　时　选择　适合 经历　大多　参观　职业
重点句	1. 我以前来过一次中国。 2. 这是我第一次来北京。 3. 你去过北京的哪些地方？ 4. 来北京以后我去过很多地方，像长城、故宫什么的。 5. 我简单地介绍了一下自己的工作经历。
语　法	1. 过去的经验或经历——动态助词"过" 2. 状语与结构助词"地"
语音练习	综合语音练习及诗歌朗读——《锄禾》
词汇积累	职业及工作地
汉字认知	言字旁（讠）的汉字
文化阅读	北京的名胜古迹

热身活动

想一想 说一说

如果你要找工作，你需要做哪些准备？

If you are going to look for a job, what do you need to prepare for?

毕业证 bìyèzhèng

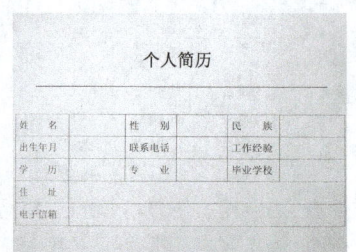
简历 jiǎnlì

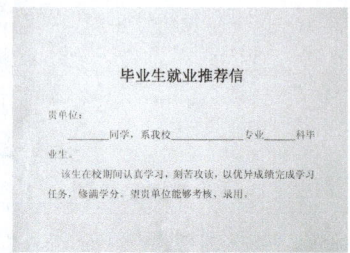
推荐信 tuījiànxìn

课堂学习

听一听 14-1

听前问题：杰克来北京以前学过汉语吗？

（杰克参加面试，他要当志愿者，给一个美国代表团当导游）

面试官：杰克，你好！欢迎你来参加面试。

杰　克：您好！很高兴认识您！

面试官：你来北京多长时间了？

杰　克：我来北京快半年了。我以前来过一次中国，不过是去上海。这是我第一次来北京。

面试官：你去过北京的哪些地方？

杰　克：来北京以后我去过很多地方，像长城、故宫、颐和园、天坛什么的我都去过。

面试官：你学了多长时间汉语了？

杰　克：我在美国时学过半年汉语。来北京以后我一直努力学习，汉语水平提我高得很快。

面试官：你以前当过导游吗?

杰　克：当过。在美国时，我给中国朋友当过导游。

面试官：你为什么选择来我们这儿工作?

杰　克：这是朋友给我介绍的。我觉得这份工作很适合我。

📄 练一练

1. 读课文　Read the text.

2. 根据课文内容提问并回答　Ask and answer questions based on the text.

   > 例：杰克学了多长时间汉语了?

3. 分角色表演　Role play.

4. 两人一组，模仿课文，表演参加面试

   Work in pairs. One student acts as an interviewer and the other one acts as an interviewee following the text.

A	B
你好！欢迎你来参加面试。 你来北京多长时间了? 你去过北京的哪些地方? 你学了多长时间汉语了? 你以前做过什么工作? 你为什么选择来我们这儿工作?	您好！很高兴认识您!

词　语　一

✏️ 读一读　写一写　 14-2

序号	词语	拼音	词性	英文释义	搭配
1	面试官	miànshìguān	名词	interviewer	
2	面试	miànshì	动词	to interview	去面试　参加面试

3	过	guo	助词	*used after a verb to indicate a past action or experience*	吃过　看过中国电影　去过一次长城
4	像……什么的	xiàng……shénmede		*such as…, etc.*	
5	时	shí	名词	*when*	在美国时　上中学时
6	努力	nǔlì	形容词	*assiduous*	非常努力　不太努力
7	水平	shuǐpíng	名词	*level*	学习水平　汉语水平
8	提高	tígāo	动词	*to improve*	提高水平　提高得很快
9	当	dāng	动词	*to be, to work as*	当老师　当律师　当老板
10	导游	dǎoyóu	名词	*tour guide*	一位导游　当导游
11	选择	xuǎnzé	动词	*to choose, to select*	选择学校　选择朋友
12	份	fèn	量词	*a measure word used for newspapers, jobs, etc.*	一份报纸　一份工作
13	适合	shìhé	动词	*to suit, to fit*	适合我　适合当导游

专有名词

专名	拼音	英文释义	图例
长城	Chángchéng	the Great Wall	
故宫	Gù Gōng	the Imperial Palace	
颐和园	Yíhé Yuán	the Summer Palace	
天坛	Tiān Tán	the Temple of Heaven	

第14课 你当过导游吗

重点词一

学一学

像……什么的

（1）来北京以后我去过很多地方，像长城、故宫、颐和园、天坛什么的我都去过。

（2）我会说很多种外语，像英语、法语、日语什么的我都会说。

（3）我有很多爱好，像看电影、听音乐、上网什么的。

> "像"用于举例，"什么的"放在一个或几个并列的成分后。
> "像" is used to give examples. "什么的" is used after one or a series of juxtaposed components.

时

（1）我在美国时学过一年汉语。

（2）我上中学时去过法国。

（3）开车时能打电话吗？

（4）等花开时我就该回国了。

V（+O）+时

S + P + 时
> "……时"相当于"……的时候"
> "……时" is equivalent to "……的时候".

选择

（1）你为什么选择来我们这儿工作？

（2）A：在美国学汉语还是在中国学汉语，你选择一个。

　　B：我选择在中国学汉语。

（3）以后在中国工作还是回国，我很难选择。

适合

（1）这件衣服很适合你。

（2）你适合学这本书，那本书太难了。

（3）今天的天气不适合跑步。

适合 + O（人）
适合 + V（+O）

练一练

用所给词语填空　Fill in the blanks with the given words.

> 像……什么的　时　选择　适合

（1）我给你打电话_____你正在做什么？

（2）我们有很多汉语课，_____综合课、听力课、口语课_____。

（3）A：以后做什么工作我还没想好。

　　B：_____你的就是最好的。

（4）A：你为什么_____这份工作？

　　B：因为这份工作很适合我。

课文二

🎧 听一听 💿 14-3

> 听前问题:"我"以前都做过哪些工作?

李伟推荐我去当志愿者,给一个美国代表团当导游。今天上午我准时参加了面试。我简单地介绍了一下自己的工作经历。美国学生大多利用假期打工。我上中学时就开始打工。我的第一份工作是送报纸。我也送过牛奶,还在饭馆当过服务员。我很喜欢旅游。来北京以后我参观过很多名胜古迹,也认真学习过这些景点的历史知识。导游是我喜欢的职业,我觉得自己特别适合当导游。

📄 练一练

1. 读课文　Read the text.

2. 根据课文内容提问并回答　Ask and answer questions based on the text.

    > 例:李伟为什么推荐"我"去给美国代表团当导游?

3. 根据课文内容填表,然后复述课文　Fill in the form based on the text and then retell the text.

杰克的经历	
中学	1.
	2.
	3.
来中国以后	1.
	2.

4. 用下列提示词,介绍你以前的工作或学习汉语的经历
   Use the following words to talk about your work experience before or your Chinese learning experience.

   > 过　像……什么的　时　利用　当　选择　适合

词　语　二

读一读　写一写　🔘 14-4

序号	词语	拼音	词性	英文释义	搭配
1	推荐	tuījiàn	动词	to recommend	推荐他　推荐他参加面试
2	志愿者	zhìyuànzhě	名词	volunteer	当志愿者　做志愿者
3	代表团	dàibiǎotuán	名词	delegation	一个代表团　参加代表团
4	简单	jiǎndān	形容词	simple	很简单　不简单
5	地	de	助词	used after words of certain categories or phrases to form an adverbial before a verb	简单地介绍一下 清楚地记得
6	经历	jīnglì	名词	experience	我的经历　以前的经历
7	大多	dàduō	副词	most	大多喜欢旅游　大多去过
8	假期	jiàqī	名词	vacation	利用假期旅游　没有假期
9	打工	dǎ//gōng	动词	to have a temporary job	给别人打工　打打工 打一天工
10	中学	zhōngxué	名词	middle school	上中学　中学同学
11	报纸	bàozhǐ	名词	newspaper	一份报纸　送报纸　卖报纸
12	参观	cānguān	动词	to visit	参观美术馆　参观公司
13	名胜古迹	míngshèng gǔjì		place of historic interest	参观名胜古迹
14	景点	jǐngdiǎn	名词	scenic spot	旅游景点
15	历史	lìshǐ	名词	history	学习历史　历史课　历史书
16	知识	zhīshi	名词	knowledge	历史知识　学习知识
17	职业	zhíyè	名词	profession, occupation	喜欢的职业　我的职业
			形容词	professional	职业运动员

重点词二

学一学

经历　（1）我来介绍一下自己的工作经历。
　　　（2）我的经历很丰富。
　　　（3）请说一说你学习汉语的经历。

大多　（1）美国学生大多利用假期打工。
　　　（2）我们班同学大多住在学校宿舍。
　　　（3）年轻人大多喜欢上网。

参观　（1）欢迎大家来我们学校参观！
　　　（2）昨天我们参观了中国美术馆。
　　　（3）来北京以后我参观过很多名胜古迹。

职业　（1）我的职业是教师。
　　　（2）导游是我喜欢的职业。
　　　（3）我不是职业的京剧演员。
　　　（4）看他踢足球的水平，应该是职业运动员。

【N】

【Adj】

练一练

用所给词语填空　Fill in the blanks with the given words.

> 经历　大多　参观　职业

（1）明天我要去一家啤酒公司_____。

（2）我们班同学_____去过长城。

（3）律师是我喜欢的_____之一。

（4）他是一个_____很丰富的人。

语　法　一

学一学

过去的经验或经历——动态助词"过"　Past Experience — the Aspect Particle "过"

A：你去过长城没有？
B：我去过。

（1）我去过长城。
（2）他学过日语。

V＋过（＋O）
➢ 动态助词"过"用于动词之后，表示施事者曾经有过某种经历。
The aspect particle "过" is used after a verb to indicate a past experience of the agent.

（3）我没有去过上海。
（4）我没吃过烤鸭。

否定形式：The negative form:
没（有）＋V＋过（＋O）

（5）你去过上海没有？
（6）你吃没吃过烤鸭？

正反疑问形式：
The affirmative-negative question:
V＋过（＋O）＋没有？
V＋没＋V＋过（＋O）？

（7）我学过半年汉语。
（8）他练过一个多月武术。

V＋过＋时量补语（Complement of duration）＋O（事物 Something）

（9）我吃过两次烤鸭。
（10）我找过他两次。
（11）我去过两次长城。
（12）我去过长城两次。

V＋过＋动量补语（Complement of frequency）＋O（事物 Something）
V＋过＋O（人称代词 Personal pronoun）＋动量补语（Complement of frequency）
V＋过＋动量补语（Complement of frequency）＋O（处所 Locality）
V＋过＋O（处所 Locality）＋动量补语（Complement of frequency）

主语（S）	谓语（P）		
	V	过	宾语（O）
我	去	过	长城。

练一练

1. 变换句式，将下列肯定句变换为正反疑问句和否定句
   Change the following affirmative sentences into affirmative-negative questions and negative sentences.

   例：我去过故宫。 ⟹ 你去过故宫没有？／你去没去过故宫？
   我没去过故宫。

   （1）我当过导游。　_____

   （2）她包过饺子。　_____

   （3）我练过武术。　_____

   （4）我们看过京剧。　_____

2. 用"V＋过"完成会话　Complete the following dialogues using "V＋过".

   （1）A：来北京以后，你去过哪些地方？去过几次？
   　　　B：_____。

   （2）A：来中国以前，你学过多长时间汉语？
   　　　B：_____。

   （3）A：你知道老舍茶馆在哪儿吗？
   　　　B：_____，不知道在哪儿。

3. 两人一组，根据图片提问并回答
   Work in pairs to ask and answer the questions based on the following pictures.

     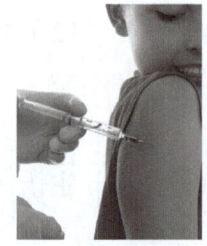

   例：A：你去过日本没有？　（1）_____　（2）_____　（3）_____
   　　B：我没去过。

语 法 二

📔 学一学

状语与结构助词"地" Adverbials and the Structural Particle "地"

（1）大家都在努力地学习。
（2）我简单地介绍了一下自己的工作经历。
（3）她高兴地走了。

> 结构助词"地"是状语的标志，常用在形容词后。
> The structural particle "地" is often used after an adjective as the indicator of an adverbial.

练一练

用所给词语填空　Fill in the blanks with the given words.

　　　的　得　地

（1）我同屋高兴_____说，她妈妈明天来看她。
（2）这是我新买_____词典。
（3）杰克汉语说_____真不错！
（4）我清楚_____记得她说过这句话。
（5）他每天都来_____很准时。
（6）我介绍了一下自己_____学习经历。

实践活动

语 音 练 习  14-5

一、双音节练习　Practice the disyllabic words.

参观	中学	机场	推荐	知识
提高	长城	没有	职业	觉得
简单	水平	景点	努力	喜欢
假期	适合	报纸	面试	地方

25

二、多音节练习　Practice the polysyllabic words.

【V+过】　吃过烤鸭　　　没吃过烤鸭　　　吃过烤鸭没有

　　　　　练过武术　　　没练过武术　　　练过武术没有

　　　　　学过半年日语　没学过日语　　　学过日语没有

　　　　　去过三次长城　没去过长城　　　去过长城没有

三、朗读诗歌　Read the poem.

Chú Hé

[Táng] Lǐ Shēn

Chú hé rì dāng wǔ,

Hàn dī hé xià tǔ.

Shéi zhī pán zhōng cān,

Lìlì jiē xīnkǔ.

锄　禾

[唐] 李绅

锄禾日当午，

汗滴禾下土。

谁知盘中餐，

粒粒皆辛苦。

词汇积累

职业	图例	工作地	图例
教师 jiàoshī		学校	
职员 zhíyuán		公司、银行	
邮递员 yóudìyuán		邮局	

售货员 shòuhuòyuán 营业员 yíngyèyuán		商店、超市	
服务员		饭店、餐厅	
律师		律师事务所 shìwùsuǒ	
警察 jǐngchá		警察局、派出所 pàichūsuǒ	
工人 gōngrén		工厂 gōngchǎng	
农民 nóngmín		农村 nóngcūn	

汉字认知

言字旁（讠）的汉字 Characters with the Radical "讠"

下面几个汉字的部首是"讠"，读作言字旁：

The following characters have "讠" as the radical, which is pronounced yánzìpáng（言字旁）.

	谈	试	说	语	请

言字旁的汉字最早的意思都和说话有关系。

Characters with the radical "讠" were related to speaking.

$\text{🔲} \to \text{🔲} \to 言 \to 讠$

交际任务

了解一下你们班同学和中国朋友的旅行经历，要求询问五位以上，填在下面的表里。下次课汇报。

Interview five or more of your classmates and Chinese friends about their travel experience. Fill in the form and report your findings to the class next time.

姓名	去哪儿旅行过

文化阅读

北京的名胜古迹

　　北京是一个古老而现代的城市，它有3000多年历史，做过辽、金、元、明、清五个朝代（dynasty）的首都。在这里，留下了很多名胜古迹。1949年，北京被确定为新中国的首都，从此成为中国的政治和文化中心。因此，在北京，既能看到古代的建筑，又能感受到现代的特点。

每年来北京旅游的国内外游客都很多。游客们一般都要游览故宫、长城、颐和园等名胜古迹。故宫在北京市中心，也叫"紫禁城（the Forbidden City）"，是明、清两代的皇宫，有24个皇帝（emperor）在这里住过，里面还有中国各个朝代的艺术品，如书画、钟表、瓷器。人们常说，"不到长城非好汉"，在北京，人们常游览的是八达岭长城和慕田峪长城。颐和园位于北京西北部，不但风景优美，还是目前世界上建筑规模（scale）最大、保存（to preserve）最好、文化价值最高的一座皇家园林。

除了游览这些地方以外，游客们还经常参观国家体育场——"鸟巢"。"鸟巢"是2008年北京奥运会的主场馆，是北京最有名的现代建筑之一。

选择正确答案：

1. 北京不是下面哪一个朝代的首都？（　　）
   A. 秦朝　　　　　　B. 辽代　　　　　　C. 明朝
2. 下面哪一个不是古代的建筑？（　　）
   A. 长城　　　　　　B. 鸟巢　　　　　　C. 故宫
3. 故宫是几个朝代的皇宫？（　　）
   A. 五个　　　　　　B. 两个　　　　　　C. 不知道
4. 世界上保存最完整的皇家园林是：（　　）
   A. 故宫　　　　　　B. 长城　　　　　　C. 颐和园

学习后记

词语	语言点

15 我是前天回来的

学习提示

话　　题	介绍城市
重 点 词	举行　开会　尝 紧张　其中　有名　全　搬
重 点 句	1. 您是什么时候回来的？ 2. 我是坐火车回来的。 3. 是不是飞机票不好买？ 4. 我是在火车站买的。 5. 除了风景优美以外，青岛还有很多企业。
语　　法	1. 强调的表达——是……的 2. 除了……（以外），……
语音练习	综合语音练习及诗歌朗读——《天净沙·秋思》
词汇积累	天气及自然现象
汉字认知	三点水（氵）的汉字
文化阅读	中国的交通

第 15 课　我是前天回来的

> 热身活动

💬 想一想　说一说

在你们国家，你一般使用什么交通工具？在中国，你去过哪些城市？你是怎么去的？
What means of transportation do you usually use in your country? Which cities have you been to in China? How did you go there?

骑自行车
qí zìxíngchē

骑摩托车
qí mótuōchē

坐公共汽车
zuò gōnggòng qìchē

坐地铁
zuò dìtiě

打的 / 坐出租车
dǎdī / zuò chūzūchē

坐火车
zuò huǒchē

坐船
zuò chuán

坐飞机
zuò fēijī

> 课堂学习

课　文　一

🎧 听一听　💿 15-1

听前问题：王老师是怎么回来的？

（王一中去青岛开会回来，星期一在教室和同学们聊天儿）

杰　克：王老师，您回来啦？
王一中：回来啦！你们怎么样？
杰　克：都挺好的。您是什么时候回来的？

王一中：我是前天回来的。

爱　子：老师是坐飞机回来的吧？

王一中：不是，我是坐火车回来的。

金大成：是不是飞机票不好买？

王一中：是啊！青岛气候和环境都不错，夏天去那儿避暑的人很多，不少会议和比赛也在那儿举行。

爱　子：您是一个人去开会的吗？

王一中：不是，我是跟同事一起去的。这是我给你们买的青岛特产，大家尝尝。

金大成：真好吃。老师是在哪儿买的？

王一中：我是在火车站买的，可能一般商店也有。你们去过青岛吗？

金大成：我每个假期都去，我爸爸在那儿工作。

杰　克：这个暑假我们去青岛旅行吧。

金大成：我可以当导游。

练一练

1. 读课文　Read the text.

2. 根据课文内容提问并回答　Ask and answer questions based on the text.

    例：王老师是在哪儿买的青岛特产？

3. 分角色表演　Role play.

4. 两人一组，模仿课文，介绍在中国旅行的情况

    Work in pairs. Talk about your travel experience in China following the text.

A	B
来中国以后你去过哪儿？ 你是什么时候去的？ 你是从哪儿去的？ 你是怎么去的？ 你是一个人去的吗？ 你去那儿做什么了？	我去过……

第15课 我是前天回来的

词 语 一

读一读 写一写 🔊 15-2

序号	词语	拼音	词性	英文释义	搭配
1	啦	la	助词	fusion of the sounds 了 le and 啊 a and thus acquiring the meanings of both words to express exclamation and interrogation	回来啦 下课啦 准备好啦
2	前天	qiántiān	名词	the day before yesterday	前天去的 前天到的
3	火车	huǒchē	名词	train	坐火车 火车站
4	票	piào	名词	ticket	一张票 一张飞机票
5	环境	huánjìng	名词	environment	环境很好 环境不错
6	夏天	xiàtiān	名词	summer	夏天热 北京的夏天
7	避暑	bì//shǔ	动词	to spend a holiday at a summer resort	去避暑 避避暑
8	会议	huìyì	名词	meeting, conference	参加会议
9	举行	jǔxíng	动词	to hold, to have	举行会议 举行比赛
10	开会	kāi//huì	动词	to have a meeting	上午要开会 开一天会
11	同事	tóngshì	名词	colleague	我的同事
12	尝	cháng	动词	to try	尝尝 尝一尝
13	暑假	shǔjià	名词	summer vacation	放暑假 过暑假

专 有 名 词

专名	拼音	英文释义	图例
青岛	Qīngdǎo	name of a city in Shandong Province	

重点词一

学一学

举行 （1）昨天下午我们学校举行了一场足球比赛。
　　　（2）比赛举行得很顺利。
　　　（3）运动会什么时候举行？

开会 （1）今天下午四点开会。
　　　（2）A：王老师在吗？
　　　　　B：他去开会了。
　　　（3）我一个星期开了三次会。

尝 　（1）这种茶还不错，你尝一下。
　　　（2）A：菜的味道怎么样？
　　　　　B：我先尝一尝。
　　　（3）我尝了尝烤鸭，很好吃。

练一练

用所给词语填空　Fill in the blanks with the given words.

　　　　举行　开会　尝

（1）这里正在_____，你不能进去。
（2）这是我做的菜，你快_____一下。味道怎么样？
（3）A：武术比赛什么时候_____？
　　　B：明天下午。

课文二

听一听　15-3

> 听前问题：为什么"我"很喜欢青岛？

　　王老师上个星期三去青岛开会了，是前天回到北京的。他是坐火车回来的，因为飞机票很紧张。他还给我们买了一些特产，同学们都觉得很好吃。

青岛是中国的一个海滨城市，又干净又漂亮。很多人夏天到那儿旅行。除了风景优美以外，青岛还有很多企业，其中"青岛啤酒"非常有名。因为我爸爸在青岛的一家中韩合资企业工作，所以我们全家就搬到了那儿。我很喜欢青岛，那儿的气候比较湿润，跟韩国很多城市差不多，不像北京这么干燥。那儿的海鲜很多，做得也很好吃。我现在就想回青岛了。

练一练

1. 读课文　Read the text.

2. 根据课文内容提问并回答　Ask and answer questions based on the text.

   例：青岛是一个什么样的城市？

3. 根据课文内容填表，然后复述课文　Fill in the form based on the text and then retell the text.

	青岛
风景	
企业	
气候	
海鲜	

4. 用下列提示词，介绍你的家乡　Use the following words to tell about your hometown.

   城市　除了……（以外），……　风景　企业　气候　特产

词　语　二

读一读　写一写  15-4

序号	词语	拼音	词性	英文释义	搭配
1	紧张	jǐnzhāng	形容词	in short supply	飞机票很紧张
2	海滨	hǎibīn	名词	seaside, seashore	
3	城市	chéngshì	名词	city	海滨城市
4	除了……（以外），……	chúle……(yǐwài),……		besides	
5	除了	chúle	介词	except, besides	

6	以外	yǐwài	名词	apart from	
7	优美	yōuměi	形容词	beautiful	风景优美
8	企业	qǐyè	名词	enterprise	大企业　企业家
9	其中	qízhōng	名词	among, in, of	
10	有名	yǒumíng	形容词	famous	很有名　有名的城市
11	合资	hézī	动词	to make joint investment	合资企业
12	全	quán	形容词	all	全家　全班　全校
13	搬	bān	动词	to move	搬家　搬走
14	湿润	shīrùn	形容词	humid	气候湿润
15	干燥	gānzào	形容词	dry	气候干燥

重点词二

学一学

紧张　（1）圣诞节（Shèngdàn Jié Christmas）的时候飞机票很紧张。
　　　　（2）现在我们用的水比较紧张。
　　　　（3）最近我的钱很紧张。

其中　（1）青岛有很多企业，其中"青岛啤酒"非常有名。
　　　　（2）我们班有二十个学生，其中有八个女生。
　　　　（3）我们班有三个人没去过长城，我是其中之一。

> ……，其中……
> （总括 in general）（部分 in part）

有名　（1）中国的长城很有名。
　　　　（2）我的朋友是有名的律师。
　　　　（3）来中国以后，你参观过哪些有名的地方？

全　　（1）全班同学都很喜欢她。
　　　　（2）现在我们全家都住在北京。
　　　　（3）国家图书馆的书很全。
　　　　（4）那家小超市东西不太全。

> ➤ 全部；整个。修饰名词，不能带"的"。It means "all" or "entire". It is used to modify a noun and cannot be followed by "的".
> ➤ 齐全。complete

搬 （1）这个箱子太重了，你能帮我搬一下吗？
（2）A：这些书放在哪儿？
B：搬到那个房间吧。
（3）因为爸爸在青岛工作，所以我们全家搬到了青岛。
（4）他们家昨天搬走了。

> 把比较大、比较重的东西移到另一个地方。
It means "to move something big and heavy to some other place".

> 家或者单位迁移到另一个地方。
It means "to move a family or a business to another place".

练一练

用所给词语填空　Fill in the blanks with the given words.

紧张　其中　有名　全　搬

（1）春节＿＿＿＿＿国休息一个星期。
（2）成龙是一位很＿＿＿＿＿的演员。
（3）A：你有什么爱好？
B：我有很多爱好，＿＿＿＿＿最喜欢的是打篮球。
（4）去年，我们家从上海＿＿＿＿＿到了北京。
（5）春节的时候，很多人要回家过年，飞机票很＿＿＿＿＿。

语　法　一

学一学

强调的表达——是……的　Expressing Emphasis — 是……的

> 用"是……的"强调已经完成动作的时间、地点或方式。"是"要放在所要强调部分的前面。
"是 …… 的" is used to emphasize the time, place or manner of an action which has been completed. "是" is placed before the part being stressed.

（1）A：你是什么时候来中国的？
B：我是2月20号来中国的。
（2）我是去年来北京学习的。

> 强调动作发生的时间。
It is used to emphasize the time of an action.

（3）杰克**是**从美国来**的**。
（4）我们**是**在北京认识**的**。

> 强调动作发生的地点。
> It is used to emphasize the place of an action.

（5）我**是**坐飞机来**的**。
（6）她**是**跟妈妈一起去**的**。

> 强调动作的方式。
> It is used to emphasize the manner of an action.

（7）他**是**去旅行**的**。
（8）我**是**来学习**的**。

> 强调动作的目的。
> It is used to emphasize the purpose of an action.

（9）A：你**是**不**是**坐火车去**的**？
　　B：我**不是**坐火车去**的**，
　　　我坐飞机去**的**。

> 在肯定句中，"是"可以省略。
> "是" can be omitted in affirmative sentences.
> 否定形式为"不是……的"。
> The negative form is "不是……的".
> 正反问形式为"是不是……的"。
> The affirmative-negative question form is "是不是……的".

（10）我**是**在北京语言大学学**的**汉语。
（11）我**是**星期天去**的**长城。
（12）我**是**星期天去长城**的**。
（13）我**是**在北京认识她**的**。

> 是 + …… + 的 + O（事物 Something）
> 是 + …… + 的 + O（处所 Locality）
> 是 + …… + O（处所 Locality）+ 的
> 是 + …… + O（人称代词 Personal pronoun）+ 的

注意 Note：
> "是……的"不能跟表示完成的"了"一起使用。
> "是……的" cannot be used with "了" that indicates the completion of an action.
> 　我是两年前开始学习了汉语的。（×）

练一练

1. 两人一组，做替换练习　Work in pairs to do the substitution drills.

（1）A：你是什么时候去上海的？
　　B：我是<u>2008年</u>去的。

两年以前
去年九月
前年二月
去年中秋节

（2）A：你是在哪儿认识她的？
　　B：我是在<u>美国</u>认识她的。

中国
韩国
日本
俄罗斯

（3）A：你们是怎么去的？
　　B：我们是 坐飞机 去的。

| 坐火车 |
| 坐出租车 |
| 坐公共汽车 |
| 骑自行车 |

（4）A：你是不是 来学习汉语 的？
　　B：我不是 来学习汉语 的，我 来工作 的。

坐出租车去	走着去
昨天来	前天来
从日本来	从韩国来
一个人来	跟爸爸一起来
来旅行	来看朋友

2. 两人一组，完成会话，介绍来中国的情况

Work in pairs. Complete the dialogue and tell what happened to you after you came to China.

A：你是什么时候来中国的？
B：_____。
A：你是从哪儿来的？
B：_____。
A：_____？
B：我是坐飞机来的。
A：你一个人来的吗？
B：_____。
A：_____？
B：我是来学习汉语的。

语 法 二

📖 学一学

除了……（以外），……

A：杰克来了吗？
B：没来。
A：别的同学呢？
B：都来了。

（1）除了杰克以外，我们班同学都来了。
（2）除了安娜以外，别的同学都去过长城。
（3）除了我，大家都喜欢吃韩国菜。

除了……（以外），……都……
➤ 排除特殊，强调一致。
It is used to exclude exceptions and stress the consistency.

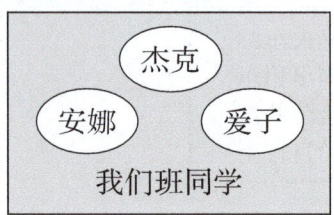

A：杰克来了吗？
B：来了。
A：还有谁来了？
B：安娜和爱子。

（4）除了杰克以外，安娜和爱子也来了。

（5）小王除了喜欢游泳，还喜欢打篮球。

（6）我除了会说英语，还会说法语。

除了……（以外），……也/还……
➢ 排除已知，补充其他。
It is used to exclude the facts that are already known and complement other information.

练一练

1. 用"除了……（以外），……"完成句子
   Complete the following sentences using "除了……（以外），……".

   （1）A：金大成会说汉语吗？
   　　B：_____。

   （2）A：你租的房子怎么样？
   　　B：_____。

   （3）A：今天谁没来上课？
   　　B：_____。

   （4）A：你喜欢听音乐吗？
   　　B：_____。

2. 根据下列图片，用"除了……（以外），……"说句子
   Make sentences using "除了……（以外），……" based on the following pictures.

   例：来北京以后，我除了去过长城以外，还去过故宫。

   （1）_____　　（2）_____
   　　_____　　　　_____

实践活动

语音练习 15-5

一、双音节练习　Practice the disyllabic words.

飞机　　今年　　优美　　干燥　　真的
前天　　同学　　结果　　环境　　尝尝
紧张　　举行　　了解　　暑假　　怎么
夏天　　问题　　避暑　　会议　　谢谢

二、多音节练习　Practice the polysyllabic words.

【是……的】　是昨天来的　　　不是昨天来的　　　是不是昨天来的
　　　　　　是从日本来的　　　不是从日本来的　　　是不是从日本来的
　　　　　　是坐飞机来的　　　不是坐飞机来的　　　是不是坐飞机来的
　　　　　　是一个人来的　　　不是一个人来的　　　是不是一个人来的
　　　　　　是来学习的　　　　不是来学习的　　　　是不是来学习的

三、朗读诗歌　Read the poem.

Tiānjìngshā•Qiū Sī
[Yuán] Mǎ Zhìyuǎn
Kūténg lǎoshù hūnyā,
Xiǎoqiáo liúshuǐ rénjiā,
Gǔdào xīfēng shòumǎ.
Xīyáng xī xià,
Duàncháng rén zài tiānyá.

天净沙•秋思
[元] 马致远
枯藤老树昏鸦，
小桥流水人家，
古道西风瘦马。
夕阳西下，
断肠人在天涯。

词汇积累

天气	图例	自然现象	图例
晴 qíng		（下）雨 (xià) yǔ	
阴 yīn		（下）雪 (xià) xuě	
多云 duōyún		（刮）风 (guā) fēng	
雾 wù		（打）雷 (dǎ) léi （闪）电 (shǎn) diàn	

汉字认知

三点水（氵）的汉字　Characters with the Radical "氵"

下面几个汉字的部首是"氵"，读作"三点水"：

The following characters have "氵" as the radical, which is pronounced sāndiǎnshuǐ（三点水）.

	海	滨	湿	润	酒

带三点水的汉字最早的意思都和水有关系。

Characters with the radical "氵" were related to water in meaning originally.

第15课　我是前天回来的

交际任务

介绍一下你居住的城市，填在下面的表里。下次课汇报。
Talk about the city where you live. Complete the following form and report to the class next time.

城市名称	
位置	
风景	
气候	
名胜古迹	
……	

文化阅读

中国的交通

古人说，"行千里路胜读万卷书"，意思是多去别的地方走走、看看，比只在家读书有用。但是，过去交通条件不好，人们外出很不方便，长途旅行只能靠骑马或坐船，不但时间长，而且可能碰到各种各样的麻烦。现在，有了汽车、火车、飞机等现代化的交通工具，古人一个月才能到达的地方我们一天就能到，"行千里路"不再是一件了不起（amazing, extraordinary）的事情。

中国的交通经过多年的发展，已经基本形成了以铁路（railway）、公路（highway）和航空（aviation）为主的交通网络。目前全国铁路已达9万公里。除了铁路以外，高速公路也是目前交通运输的主要方式。中国计划用30年时间，形成8.5万公里国家高速公路网，新路网由7条首都放射（to radiate）线、9条南北纵向线和18条东西横向线组成，简称"7918网"。中国的航空事业也有了很大发展，共有国内、国际航线1000多条，联结（to connect）世界各地。

判断正误：

1. "行千里路胜读万卷书"中的"胜"是"比……好"的意思。（　　）
2. 古代的交通条件比现在的好。（　　）
3. 中国现在的交通网络主要是由铁路、公路和航空组成的。（　　）
4. "7918网"是指全国一共有7918条高速公路。（　　）

学习后记

词语	语言点

16 我只好走上来了

学习提示

话　　题	谈坏习惯
重 点 词	用　修　只好　好处　改 经常　丢三落四　原来　拿
重 点 句	1. 优盘我忘带回去了。 2. 电梯坏了，我只好走上来了。 3. 我经常丢三落四的。 4. 我只好跑上楼去拿我的手机。 5. 我和他一起走回学校去了。
语　　法	1. 简单趋向补语 2. 复合趋向补语
语音练习	综合语音练习及诗歌朗读——《绝句》
词汇积累	电脑及相关设备
汉字认知	金字旁（钅）的汉字
文化阅读	汉语成语

热身活动

💬 想一想 说一说

下面的活动哪些对身体有好处？哪些没有好处？
Which of the following activities are good / bad for your health?

早睡早起

旅行 lǚxíng

上网

睡懒觉

抽烟 chōu yān

喝酒

课堂学习

课 文 一

🎧 听一听  16-1

> 听前问题：电梯现在修好了吗？

（课间，王一中从十层办公室回到五层教室）

金大成：王老师，您怎么又回来了？

王一中：上课用的优盘，我忘带回去了。

金大成：王老师，电梯修好了吗？今天早上电梯坏了，我只好走上来了。

王一中：我也是走上来的。现在电梯已经修好了。

金大成：我真的不喜欢爬楼梯。

王一中：爬楼梯对身体很有好处。我现在上下楼一般不坐电梯。

金大成：我也知道，不过爬楼梯太累了。王老师，您还有课吗？

王一中：没课了。我现在回办公室，我还要改你们的作业呢。

金大成：您打算爬上去吗？

王一中：当然，我要锻炼身体。

金大成：王老师，我忘带今天的作业本了。今天下午您在办公室吗？我给您送过去。

王一中：在，你给我送过来吧。

📄 练一练

1. 读课文　Read the text.

2. 根据课文内容提问并回答　Ask and answer questions based on the text.

   例：王老师为什么常常爬楼梯？

3. 分角色表演　Role play.

4. 两人一组，模仿课文，说一说金大成给王老师送作业时的情景
   Work in pairs. Talk about how Jin Daesung handed in his homework to Mr. Wang following the text.

A（金大成）	B（王老师）
……忘带……，……	在，你送过来吧。
王老师，我来了。 电梯……，……上来…… ……下去……	你怎么这么累啊？ ……对……有好处，……

词　语　一

✏️ 读一读　写一写　 16-2

序号	词语	拼音	词性	英文释义	搭配
1	用	yòng	动词	to use	用笔写字　用手拿
2	优盘	yōupán	名词	USB flash disk, flash memory disk	电脑优盘

3	回去	huí//qù	动词	to go back	一会儿回去　带回去
4	电梯	diàntī	名词	lift, elevator	坐电梯
5	修	xiū	动词	to repair	修电梯　修手机　修电脑 修好了　没修好
6	坏	huài	形容词	bad, damaged, broken	坏了　用坏了
7	只好	zhǐhǎo	副词	to have to	只好这样了
8	上来	shàng//lái	动词	to come up	快点儿上来　走上来
9	爬	pá	动词	to climb	爬山　爬楼
10	楼梯	lóutī	名词	stairs	爬楼梯　走楼梯
11	好处	hǎochù	名词	good side	有好处　没有好处 对……很有好处
12	楼	lóu	名词	storeyed building	上楼　下楼　楼上　楼下
13	办公室	bàngōngshì	名词	office	回办公室　校长办公室
14	改	gǎi	动词	to correct	改错　改作业
15	上去	shàng//qù	动词	to go up	爬上去　走上去
16	作业本	zuòyèběn	名词	exercise book	一个作业本　交作业本
17	过去	guò//qù	动词	to go over	走过去　送过去
18	过来	guò//lái	动词	to come over	走过来　带过来

重点词一

学一学

用　（1）你能用左手写字吗？
　　（2）上课用的优盘我忘带回去了。
　　（3）下课以后，你用中文和朋友聊天儿吗？

修　（1）他正在修自行车。
　　（2）A：电梯修好了吗？
　　　　B：已经修好了。
　　（3）你能帮我修一下电脑吗？

只好　（1）电梯坏了，我只好走上来了。
　　　（2）没有火车票了，我只好买飞机票。
　　　（3）时间到了，她还没来，我只好先去了。

> 只好 + VP
> ➢ 表示没有别的选择，不得不。
> It indicats it is the only choice.

好处　（1）早睡早起的好处有很多。
　　　（2）多听多说对学习汉语有好处。
　　　（3）抽烟对身体没有好处。

> 对……（很）有好处
> 对……没有好处

改　　（1）这个字写错了，谁来改一下？
　　　（2）我们班打算今天去颐和园，可是下雨了，只好改时间了。
　　　（3）A：王老师，您还有课吗？
　　　　　B：没课了。我现在回办公室改作业。

练一练

用所给词语填空　Fill in the blanks with the given words.

（1）太晚了，没有公共汽车了，_____打车了。
（2）我的自行车坏了，得去_____一下。
（3）每天跑步对身体很有_____。
（4）有了电脑以后，_____笔写字的时候越来越少了。
（5）这个句子不对，谁来_____一下？

课 文 二

🎧 听一听　💿 16-3

> 听前问题："我"为什么又回超市去了？

今天我又忘带作业本了。我经常丢三落四的，朋友们都说我是个马大哈。他们说得对。我住在五层，有一天早上，我走到楼下，发现手机忘带了，只

49

好跑上楼去拿。我到了房间门口,又发现钥匙不在我身上,原来钥匙在我自行车上,我忘了拿上来,只好又跑下楼去。还有一次,我在超市买了很多东西,结账的时候,遇到了同屋,就和他一起走回学校去了。回到学校我才发现,书包还在超市的存包处呢,我忘了取出来,只好又跑回去取。

练一练

1. 读课文　Read the text.

2. 根据课文内容提问并回答　Ask and answer questions based on the text.

   例:"我"跑上楼去拿什么?上楼以后又忘带什么了?

3. 根据课文内容填表,然后复述课文
   Fill in the form based on the text and then retell the text.

忘了带什么	在哪儿发现的	怎么办

4. 用下列提示词,说一说你丢三落四的时候
   Use the following words to talk about your forgetfulness.

   丢三落四　忘　原来　发现　拿

词 语 二

读一读　写一写　

序号	词语	拼音	词性	英文释义	搭配
1	经常	jīngcháng	副词	often	经常迟到　经常去旅行
2	丢三落四	diū sān là sì		forgetful	经常丢三落四的
3	层	céng	量词	floor	一层　二层　在十一层　两层

4	跑	pǎo	动词	to run	跑上楼　跑过去
5	门口	ménkǒu	名词	doorway	楼门口　房间门口　教室门口
6	钥匙	yàoshi	名词	key	门钥匙　车钥匙
7	原来	yuánlái	副词	as it turns out	原来是这样
8	拿	ná	动词	to bring, to take	拿手机　拿钥匙
9	结账	jié//zhàng	动词	to check out	买东西结账　结一下账
10	同屋	tóngwū	名词	roommate	我同屋　有同屋
11	书包	shūbāo	名词	backpack	拿书包　书包里
12	存包处	cúnbāochù	名词	locker room	存在存包处　忘在存包处了

重点词二

学一学

经常　（1）王老师经常爬楼梯，所以他的身体很好。
　　　　（2）谁上课经常迟到？
　　　　（3）下课以后你经常做什么？

丢三落四
　　　　（1）我总是丢三落四的，朋友们都说我是个马大哈。
　　　　（2）你别总是丢三落四的。
　　　　（3）他是不是一个丢三落四的人？

> "丢三落四"是个成语，形容因为马虎或记忆力不好，总是忘事。
> "丢三落四" is an idiom used to describe a careless or forgetful person.

原来　（1）他昨天没来上课，原来是病了。
　　　　（2）她变漂亮了，原来有男朋友了。
　　　　（3）他今天特别高兴，原来他妈妈要来看他了。

> "原来"表示发现以前不知道的情况。
> "原来" indicates to find something that was previously unknown.

拿　（1）服务员，再拿一瓶啤酒。
　　　（2）老师从书包里拿出来一本书。
　　　（3）有一天早上，我走到楼下，发现手机忘带了，只好跑上楼去拿。

练一练

用所给词语填空　Fill in the blanks with the given words.

A：我要的书你_____来了吗？

B：呀！忘了，最近我总是_____的。

A：我也_____忘带东西。

B：_____我们都是马大哈呀。

语　法　一

学一学

简单趋向补语　Simple Complement of Direction

1. V + 来 / 去

来（to come）　　　去（to go）

➢ "来"和"去"表示动作，也可以用在动词后表示方向。"来"表示向着说话人的方向，"去"表示向着离开说话人的方向。
"来" and "去" indicate actions or are used after verbs to indicate direction. "来" means the action indicated by the verb is towards the speaker, while "去" means the action is away from the speaker.

（1）他上来了。（说话人在上面）

（2）他下去了。（说话人在上面）

主语（S）	谓语（P）		
	V	简单趋向补语	（了）
他	上	来	了。
他	下	去	了。

2. V + O（处所 Locality）+ 来 / 去

（1）他上楼去了。

（2）爱子进教室来了。

主语（S）	谓语（P）			
	V	宾语（O）	来/去	（了）
他	上	楼	去	了。
爱子	进	教室	来	了。

3. V+来/去+O（事物 Something）

（1）我给他带去了一本书。

（2）王老师从青岛给同学们带来很多特产。

主语（S）	谓语（P）			
	V	来/去	了	宾语（O）
我	给他带	去	了	一本书。
王老师	从青岛给同学们带	来		很多特产。

4. V+O（人或事物 Somebody or Something）+来/去

（1）他要带一个包裹来。

（2）我想周末看王老师去。

主语（S）	谓语（P）		
	V	宾语（O）	来/去
他	要带	一个包裹	来。
我	想周末看	王老师	去。

练一练

两人一组，做替换练习　Work in pairs to do the substitution drills.

（1）他上楼来了。

下	楼	去了
回	家	去了
进	教室	来了
出	国	去了

（2）请帮我买一杯咖啡来。

买	一张邮票	来
送	一件礼物	去
带	一个包裹	去
买	几本书	来

语 法 二

学一学

复合趋向补语 Compound Complement of Direction

V +	复合趋向补语							
	……来	上来	下来	进来	出来	回来	过来	起来
	……去	上去	下去	进去	出去	回去	过去	——

> 复合趋向动词放在另一动词后面做补语，叫复合趋向补语，表示动作的趋向。
> A compound directional verb used after another verb as a complement is known as a compound complement of direction. It is used to indicate the direction of an action.

1. V + 复合趋向补语

（1）安娜跑出去了。
（2）今天的电梯坏了，我只好走上来了。
（3）杰克走了上去。

> 如有"了"，可以放在句尾，也可以放在动词后。
> "了" can be placed at the end of a sentence or after a verb.

主语（S）	谓语（P）		
	V	复合趋向补语	
安娜	跑	出去	了。
杰克	走了	上去。	

2. V + 复合趋向补语 + O（事物 Something）

（1）我买回来了一斤苹果。
（2）他拿出来了一本书。

> 如有"了"，放在复合趋向补语后、宾语前。
> "了" is put after a compound complement of direction and before an object.

主语（S）	谓语（P）			
	V	复合趋向补语	（了）	宾语（O）
我	买	回来	了	一斤苹果。
他	拿	出来	了	一本书。

3. V + 上/下/进/出/回/过 + O（事物 Something）+ 来/去
   V + 起 + O（事物 Something）+ 来

（1）我买回一斤苹果来。
（2）他拿出一本书来。

主语（S）	谓语（P）			来/去 来
	V	上/下/进/出/回/过 起	宾语（O）	
我	买	回	一斤苹果	来。
他	拿	出	一本书	来。

4. V＋上/下/进/出/回/过＋O（处所 Locality）＋来/去
   V＋起＋O（处所 Locality）＋来

   （1）杰克走上楼去了。
   （2）他跑进教室来了。

> 如有"了"，放在句尾。
> "了" is placed at the end of a sentence.

主语（S）	谓语（P）			来/去 来	
	V	上/下/进/出/回/过 起	宾语（O）		
杰克	走	上	楼	去	了。
他	跑	进	教室	来	了。

练一练

1. 用复合趋向补语填空　Fill in the blanks using compound complements of direction.

   （1）我到了宿舍才发现手机忘在教室里了，又跑_____拿。
   （2）老师从包里拿_____一个优盘。
   （3）爱子从银行取_____两千块钱。
   （4）你丢的自行车找_____了没有？
   （5）我在你们学校外面。请问，我的车能开_____吗？
   （6）我在办公室，你给我送_____吧。

2. 两人一组，做替换练习　Work in pairs to do the substitution drills.

   （1）A：他买回来了什么？
       B：他买回来了一盒茶叶。

带回来	一台电脑
取回来	五千块钱
发出去	一封电子邮件
寄过来	几本书

   （2）请你帮我买 回 一盒茶叶 来。

带	一斤苹果
带	一些特产
买	几瓶啤酒
买	一个本子

55

（3）A：爱子去哪儿了？
　　B：我看见她<u>跑上楼</u>去了。

> 走进商店
> 走过马路
> 跑回宿舍
> 走下山
> 走出东门

3. 根据下面的图片中"他们"的位置，用"V＋复合趋向补语"造句
   Make sentences using "V + compound complement of direction" based on where "他们" (the boy and the girl) are in the following pictures.

例： 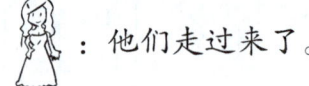：他们走过去了。
　　：他们走过来了。

（1）

：＿＿＿＿＿＿＿＿＿＿＿＿＿＿＿＿
：＿＿＿＿＿＿＿＿＿＿＿＿＿＿＿＿

（2）
：＿＿＿＿＿＿＿＿＿＿＿＿＿＿＿＿
：＿＿＿＿＿＿＿＿＿＿＿＿＿＿＿＿

（3）

：＿＿＿＿＿＿＿＿＿＿＿＿＿＿＿＿
：＿＿＿＿＿＿＿＿＿＿＿＿＿＿＿＿

（4）

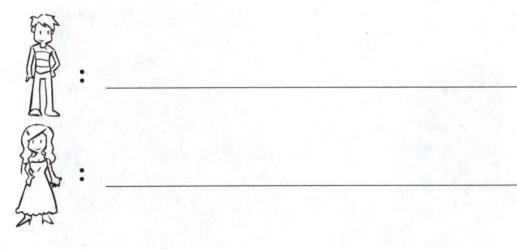

: _____

: _____

实践活动

语音练习  16-5

一、双音节练习　Practice the disyllabic words.

搬家　　出来　　修好　　超市　　身上

楼梯　　回来　　十五　　结账　　时候

老师　　起来　　可以　　可是　　早上

电梯　　下楼　　一起　　作业　　钥匙

二、多音节练习　Practice the polysyllabic words.

【复合趋向补语】　走上来　　走下去　　爬下来　　爬上去

　　　　　　　　　跑进来　　跑出去　　取出来　　放进去

　　　　　　　　　拿回来　　送回去　　开过来　　开过去

　　　　　　　　　拿起来　　放下去

　　　　　　　　　走上楼来　走下楼去　跑进教室来　跑出教室去

　　　　　　　　　取出钱来　拿起书来　放进包里去　送回学校去

三、朗读诗歌　Read the poem.

Jué Jù

[Táng] Dù Fǔ

Liǎng ge huánglí míng cuìliǔ,
Yì háng báilù shàng qīngtiān.
Chuāng hán xīlǐng qiān qiū xuě,
Mén bó Dōngwú wàn lǐ chuán.

绝　句

[唐] 杜甫

两个黄鹂鸣翠柳，
一行白鹭上青天。
窗含西岭千秋雪，
门泊东吴万里船。

词 汇 积 累

名称	图例	名称	图例
电脑		优盘	
主机		移动硬盘 yídòng yìngpán	
显示器 xiǎnshìqì		读卡器 dúkǎqì	
鼠标 shǔbiāo		摄像头 shèxiàngtóu	
键盘 jiànpán		投影仪 tóuyǐngyí	

汉 字 认 知

金字旁（钅）的汉字　Characters with the Radical "钅"

下面几个汉字的部首是"钅"，读作"金字旁"：
The following characters have "钅" as the radical, which is pronounced jīnzìpáng（金字旁）.

金字旁的汉字常常和金属有关系。
Characters with the radical "钅" are often related to metal in meaning.

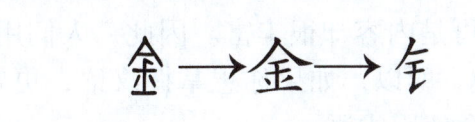

交 际 任 务

问一问你的朋友，他们有什么坏习惯。要求采访五位以上，填在下面的表里。下次课汇报。
Interview five or more of your friends about their bad habits. Fill in the following form and report your findings to the class next time.

朋友	坏习惯

文化阅读

汉语成语

汉语成语多数由四个字组成，结构固定（fixed），不能变化，表示一个完整的意思。汉语成语非常多，上海辞书出版社出版的《中国成语大辞典》里一共有18000条成语，其中比较常用的有3000多条。汉语的成语来源（source）主要有两部分：一部分来自古代，另一部分是当代的创新。

来自古代的成语有的从古代寓言（allegory）故事、历史故事、神话传说中来，比如"愚公移山""滥竽充数""自相矛盾"等；有的从古代文人的作品和民间流传的句子中来，比如"一叶知秋""青出于蓝""温故知新"等。

当代创新的成语数量不多，但用得很多，比如"自力更生""古为今用""和平共处"等。

成语虽然只有几个字，可是内容却很丰富。因此，人们用成语说话或者写文章，就会显得生动（vivid）、有趣。所以，如果你想掌握汉语，更好地表达自己的思想和感情，就应该学习成语，学会使用成语。

选择正确答案：

1. 下面哪一个是汉语成语的特点？　（　　）
   A. 都是四个字　　　　B. 不能随便变化　　　　C. 可以改变结构
2. 汉语中常用的成语有：　（　　）
   A. 18000多条　　　　B. 3000多条　　　　C. 21000多条
3. "自相矛盾"这个成语来自于：　（　　）
   A. 古代寓言故事　　　B. 古代文人作品　　　　C. 当代创新
4. 下面哪一个不是成语的作用？　（　　）
   A. 使文章生动有趣　　B. 更好地表达作者的思想感情
   C. 增加文章的长度和内容

学习后记

词语	语言点

第四单元（第13-16课）语法小结

课号	语法	页码	例句	我的句子
第13课	结果补语	9	你们说完了，我还没说完呢。	
			希望这次他能记对时间。	
			现在都十点了，早该接到了。	
			我记错时间了，记成早上八点了。	
			这次我记住了。	
			晚饭做好了吗？	
第14课	过去的经验或经历——动态助词"过"	23	我去过长城。	
			我没有去过上海。	
			你吃过烤鸭没有？	
			我学过半年汉语。	
			我找过他两次。	
			我以前来过一次中国。	
	状语与结构助词"地"	25	我简单地介绍了一下自己的工作经历。	
第15课	强调的表达——是……的	37	我是前天回来的。	
			我是在火车站买的。	
			我是坐火车回来的。	
			我是跟同事一起去的。	
			我是去旅行的。	
			A：你是不是坐火车去的？	
			B：我不是坐火车去的，我坐飞机去的。	
	除了……（以外），……	39	除了小王以外，大家都来了。	
			除了风景优美以外，青岛还有很多有名的企业。	

（续表）

课号	语法	页码	例句	我的句子
第16课	简单趋向补语	52	他上来了。	
			他上楼去了。	
			我给他带去了一本书。	
			他要带一个包裹来。	
	复合趋向补语	54	上课用的优盘，我忘带回去了。	
			电梯坏了，我只好走上来了。	
			我买回来了一斤苹果。	
			他拿出一本书来。	
			我忘带手机了，只好跑上楼去拿。	
			我和他一起走回学校去了。	

17 她穿着婚纱真漂亮

学习提示

话　　题	婚礼
重点词	结婚　拍照　从来　听说　热闹 换　开心　下雨
重点句	1. 欧阳兰穿着婚纱真漂亮！ 2. 最近我们正忙着订酒店呢。 3. 我还从来没参加过中国人的婚礼呢！ 4. 他们拍了很多照片，还换了好几套衣服，有些是西服、婚纱，有些是中国传统服装。 5. 欧阳兰站着，李伟跪着，捧着鲜花，两个人都笑得很开心。
语　　法	状态的持续或动作的进行——V + 着
语音练习	综合语音练习及诗歌朗读——《关雎》
词汇积累	穿着及佩戴（pèidài）
汉字认知	绞丝旁（纟）的汉字
文化阅读	中国人的婚礼

初级汉语综合教程（上）2

热身活动

💬 **想一想 说一说**

中国人结婚前都要做下面的哪些准备？
What preparations do Chinese people make before wedding？

选日子
xuǎn rìzi

拍婚纱照
pāi hūnshāzhào

订酒店
dìng jiǔdiàn

发请柬
fā qǐngjiǎn

布置新房
bùzhì xīnfáng

蜜月旅行
mìyuè lǚxíng

课堂学习

课 文 一

🎧 **听一听** 17-1

> 听前问题：李伟和欧阳兰正忙着做什么？

（杰克和安娜到李伟家）

杰 克：
安 娜：你好，李伟！我们来了！

李 伟：快请进！正等着你们呢。

安　娜：（看到墙上李伟和欧阳兰的照片）这是你们的婚纱照吗？

李　伟：是啊！我们打算结婚了，所以先去拍了一套婚纱照。

安　娜：欧阳兰穿着婚纱真漂亮！

杰　克：你们打算什么时候举行婚礼？

李　伟：正月初六。最近我们正忙着订酒店呢。

杰　克：怎么这么早就订酒店？

李　伟：不早了！春节结婚的人很多，大家都想选择好的酒店。你们参加过中国人的婚礼吗？

安　娜：没有。

杰　克：我也从来没参加过。听说中国人的婚礼很热闹。

李　伟：对。举行婚礼的时候要请亲戚朋友喝喜酒、吃喜糖。到时候你们一定要来。

杰　克：好的。

练一练

1. 读课文　Read the text.

2. 根据课文内容提问并回答　Ask and answer questions based on the text.

   例：李伟和欧阳兰现在订酒店早不早？

3. 分角色表演　Role play.

4. 两人一组，模仿课文，说一说李伟和欧阳兰婚礼的准备情况

   Work in pairs. Talk about how Li Wei and Ouyang Lan prepared for their wedding following the text.

A	B
听说李伟和欧阳兰……	对，昨天我看见他们的婚纱照了。 ……穿着…… ……忙着……
他们什么时候举行婚礼？ ……从来……	听说结婚要请……

词 语 一

读一读 写一写 🔊 17-2

序号	词语	拼音	词性	英文释义	搭配
1	着	zhe	助词	used after a verb, indicating the continuation of an anction or a state	忙着 穿着 看着 听着音乐
2	婚纱	hūnshā	名词	wedding dress	穿婚纱 婚纱照
3	结婚	jié//hūn	动词	to get married	结婚了 没结婚 结过婚
4	拍照	pāi//zhào	动词	to take a picture	去拍照 拍张照 拍婚纱照
5	婚礼	hūnlǐ	名词	wedding ceremony	举行婚礼
6	正月	zhēngyuè	名词	the first month of the Chinese lunar calendar	正月十五
7	初	chū		used before numbers from one to ten indicating the first ten days of a month on the Chinese lunar calendar	正月初一 九月初九
8	订	dìng	动词	to book, to order	订房间 订餐 订票
9	酒店	jiǔdiàn	名词	hotel	订酒店 一家酒店
10	从来	cónglái	副词	always, all along (*often used in the negative form*), from the past to the present	从来不吃 从来没说过
11	听说	tīngshuō	动词	to hear of, to be told	听说过 没听说这件事
12	热闹	rènao	形容词	lively, bustling with noise and excitement	很热闹 不热闹
13	亲戚	qīnqi	名词	relative	有亲戚 亲戚朋友
14	喜酒	xǐjiǔ	名词	drinks offered to guests at a wedding	喝喜酒
15	喜糖	xǐtáng	名词	wedding sweets or candy	吃喜糖

专有名词

专名	拼音	英文释义	图例
春节	Chūnjié	the Spring Festival	

第17课 她穿着婚纱真漂亮

重 点 词 一

学一学

结婚　（1）李伟和欧阳兰打算结婚了。
　　　（2）他结过两次婚。
　　　（3）你希望跟一个什么样的人结婚？

> 跟/和……结婚

拍照　（1）这儿的风景真美，咱们拍张照吧。
　　　（2）结婚前，中国人一般都拍婚纱照。
　　　（3）你们国家有拍婚纱照的习惯吗？

从来　（1）我从来不喝酒。
　　　（2）我还从来没参加过中国人的婚礼呢。
　　　（3）我从没去过上海。

> 从（来）+不
>
> 从（来）+没+V+过（+O）
> ➤ 表示从过去到现在一直都这样。多用于否定句。
> It indicates it has always been like this. It is usually used in a negative sentence.

听说　（1）听说你假期要去打工。
　　　（2）A：我听说杰克要回国了，你知道吗？
　　　　　B：我从来没听说过。
　　　（3）你听说过中国人是怎么举行婚礼的吗？

热闹　（1）我没参加过中国人的婚礼，听说很热闹。
　　　（2）今天爱子过生日，大家又唱歌又跳舞，真热闹！
　　　（3）春节的时候，全家团圆，可热闹了！

练一练

用所给词语填空　Fill in the blanks with the given words.

> 结婚　拍照　从来　听说　热闹

（1）A：咱们今天喝点儿白酒吧。
　　　B：我_____不喝白酒。
（2）你都快三十岁了，打算什么时候_____呀？
（3）这儿太漂亮了，咱们_____张_____吧。
（4）我没去过青岛，不过_____青岛很漂亮。
（5）中秋节我去了欧阳兰家，我们一边包饺子一边聊天儿，特别_____。

67

课文二

听一听 17-3

> 听前问题：拍婚纱照的时候，李伟和欧阳兰都穿了什么样的衣服？

李伟和欧阳兰准备春节的时候结婚。今天，我和杰克看了他们的婚纱照。他们拍了很多照片，还换了好几套衣服，有些是西服、婚纱，有些是中国传统服装。

我最喜欢那张求婚的照片——欧阳兰站着，李伟跪着，捧着鲜花，两个人都笑得很开心。还有一张，李伟穿着传统服装，拿着一把写着"白头到老"的扇子，很有意思。李伟告诉我们，他们正在拍照的时候，下雨了，他们就打着伞照了一些照片，很美。

真希望春节快点儿到，看看中国人的婚礼和我们国家的有什么不一样。

练一练

1. 读课文　Read the text.

2. 根据课文内容提问并回答　Ask and answer questions based on the text.

   > 例："我"最喜欢哪张照片？

3. 根据课文内容填空，并复述课文
   Fill in the blanks based on the text and then retell the text.

   李伟和欧阳兰打算正月初六＿＿＿＿＿，他们＿＿＿＿＿一套＿＿＿＿＿。拍照的时候，他们换了＿＿＿＿＿衣服。有一张是求婚的照片——欧阳兰＿＿＿＿＿，李伟＿＿＿＿＿，＿＿＿＿＿鲜花。还有一张，李伟拿着一把写着＿＿＿＿＿的扇子，很有意思。还有一些＿＿＿＿＿照的照片，因为他们拍照的时候，＿＿＿＿＿了。

4. 用下列提示词，说一说你希望的婚礼是什么样的
   Use the following given words to talk about your dream wedding.

   > 举行　穿着　捧着　站着　跪着　拿着　亲戚

第17课　她穿着婚纱真漂亮

词　语　二

读一读　写一写　🔘 17-4

序号	词语	拼音	词性	英文释义	搭配
1	换	huàn	动词	to exchange, to change	换衣服　换钱
2	西服	xīfú	名词	clothes of Western-style, suit	穿西服　一套西服
3	求婚	qiú//hūn	动词	to make a proposal (to)	求婚的照片 向……求婚
4	站	zhàn	动词	to stand, to be on one's feet	站起来　站着
5	跪	guì	动词	to go down on one or both knees	跪下　跪着求婚
6	捧	pěng	动词	to hold or offer with both hands	捧着　捧着照片
7	鲜花	xiānhuā	名词	(fresh) flower	捧鲜花
8	笑	xiào	动词	to smile, to laugh	大笑　他笑了
9	开心	kāixīn	形容词	happy, cheerful	笑得很开心
10	把	bǎ	量词	*a measure word used for an object with a handle*	一把钥匙
11	白头到老	báitóu dào lǎo		to live in conjugal bliss to a ripe old age	
12	扇子	shànzi	名词	fan, device for creating a current of air or a breeze	一把扇子　拿扇子
13	下雨	xià//yǔ	动词	to rain	下雨了　刚下过雨 下一场雨
14	伞	sǎn	名词	umbrella	打伞　一把伞

重点词二

学一学

换　　（1）下午我打算去银行换钱。

　　　（2）拍婚纱照的时候，一般要换好几套衣服。

　　　（3）老师，这个班的汉语课有点儿容易，我能换一个班吗？

69

开心 （1）昨天我们班一起拍了一张照片，大家都笑得很开心。
　　　（2）来北京以后我一直很开心。
　　　（3）什么时候你觉得最开心？

下雨 （1）听说明天要下雨。
　　　（2）昨天晚上下了一场大雨。
　　　（3）正下着雨呢，你去哪儿呀？

练一练

用所给词语填空　Fill in the blanks with the given words.

（1）要是明天_____的话，咱们就别去长城了。

（2）希望大家每天都很_____。

（3）我现在租的房子离学校太远了，我打算_____一套离学校近一点儿的房子。

语　法

学一学

状态的持续或动作的进行——V + 着

The Continuation of a State or the Progression of an Action—V + 着

1. V + 着

（1）门开着。

（2）老师站着，我们坐着。

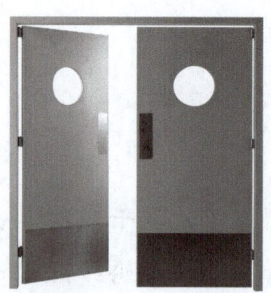

主语（S）	谓语（P）	
	V	着
门	开	着。

2. V + 着 + O

（1）欧阳兰穿着婚纱。

（2）快点儿，我们正等着你呢。

主语（S）	谓语（P）		
	V	着	宾语（O）
欧阳兰	穿	着	婚纱。

➤ 强调动作的正在进行时，动词前可加副词"正、在、正在"，句末常有"呢"。
It is used to stress an action is in progress. Adverbs such as "正 / 在 / 正在" can be used before the verb, and "呢" is often used at the end of such a sentence.

3. V_1 + 着（+ O_1）+ V_2 + O_2

（1）老师站着讲课，我们坐着听课。

（2）他听着音乐做作业。

主语（S）	谓语（P）				
	V_1	着	宾语$_1$（O_1）	V_2	宾语$_2$（O_2）
他	听	着	音乐	做	作业。

➤ "V + 着"还可以与另一个动词构成连动式，说明另一动作的进行方式。
"V + 着" can also be used with another verb to make up a verbal construction in series, indicating the manner of the other verb.

练一练

1. 两人一组，做替换练习　Work in pairs to do the substitution drills.

（1）欧阳兰穿着婚纱。

他	穿	一件西服
李伟	拿	一把扇子
杰克	捧	鲜花
安娜	打	一把花伞

（2）他们正吃着饭呢！

上	课
跳	舞
聊	天儿
听	音乐

（3）<u>老师</u> <u>站</u>着<u>上课</u>。

我们	坐	听课
我	走	来学校
安娜	听音乐	写作业
妈妈	带孩子	去公园

2. 根据下面的图片，用"V +着"造句

   Make sentences using "V +着" based on the following pictures.

例：门开着。

（1）_____

（2）_____

（3）_____

（4）_____

（5）_____

3. 描述班里的一位同学穿着什么，大家猜一猜是谁

   Describe the apparel of one of your classmates and ask the rest of the class to guess who you are talking about.

实 践 活 动

语 音 练 习    17-5

一、双音节练习　Practice the disyllabic words.

| 开心 | 西服 | 婚礼 | 正月 | 吃着 |
| 求婚 | 从来 | 传统 | 一定 | 拿着 |

已经　　喜糖　　喜酒　　酒店　　捧着

办公　　上来　　下雨　　顺利　　跪着

二、多音节练习　Practice the polysyllabic words.

【V+着】穿着　拿着　捧着　打着　站着　跪着　忙着
　　　　等着　听着　喝着　带着

　　　　穿着婚纱　　　拿着扇子　　　捧着鲜花　　　打着雨伞
　　　　站着上课　　　跪着求婚　　　忙着订酒店　　等着买票
　　　　听着音乐看书　喝着咖啡聊天儿　带着孩子去公园

三、朗读诗歌　Read the poem.

Guān Jū
(《Shī Jīng》)
Guānguān jūjiū,
Zài hé zhī zhōu.
Yǎotiǎo shūnǚ,
Jūnzǐ hǎo qiú.

关雎
(《诗经》)
关关雎鸠，
在河之洲。
窈窕淑女，
君子好逑。

词汇积累

动词	名词	图例	量词
穿 chuān	衬衫 chènshān		件
	T恤 T-xù		

穿	裙子 qúnzi		条
	牛仔裤 niúzǎikù		
	皮鞋 píxié		双、只
	拖鞋 tuōxié		
	运动鞋 yùndòngxié		
	袜子 wàzi		
戴 dài	帽子 màozi		顶 dǐng
	眼镜 yǎnjìng		副 fù

戴	手表 shǒubiǎo		块
	手套 shǒutào		副、只
系 jì	皮带 pídài		条、根
	领带 lǐngdài		条

汉字认知

绞丝旁（纟）的汉字 Characters with the Radical "纟"

下面几个汉字的部首是"纟"，读作"绞丝旁"：

The following characters have "纟" as the radical, which is pronounced jiǎosīpáng（绞丝旁）.

	纱	结	经	纸	综

绞丝旁的汉字最早的意思都和丝等纺织品有关系。

Characters with the radical "纟" were originally related in meaning to textile products such as silk.

88 → 絲 → 丝 → 纟

交际任务

向你的同学或朋友了解一下不同国家结婚时的风俗。至少调查三位以上，填在下面的表里。下次课汇报。

Interview three or more of your classmates or friends about the wedding traditions in their countries. Fill in the following form and report your findings to the class next time.

国家	结婚风俗

文化阅读

中国人的婚礼

汉语中的"婚礼"这个词原来写作"昏礼"，因为古人认为黄昏（dusk）是吉利（auspicious）的时刻，所以常常在傍晚举行婚礼。传统的中国婚礼程序（procedure）多、规矩（rule）多，结婚时要拜（to bow）天地、拜父母，婚礼结束后还要闹洞房（bridal chamber）等等。

跟传统婚礼相比，现代婚礼简单了很多，但多数婚礼还是保留了一些传统习俗。例如，结婚时要请亲戚朋友吃饭，这个叫作"摆喜酒"，还要给亲朋好友送喜糖；而去喝喜酒、吃喜糖的人应该给新郎新娘送礼物或送钱，送钱的时候常用红色信封把钱包起来，所以又叫"包红包"。按照传统，新娘应该穿红色的衣服，因为西方文化的影响，现在也有很多人结婚时穿婚纱，但新娘一般还要换上一套红色的衣服。房间里要贴上红双喜字，有的还会在房间里、床上

放上红枣（red dates）、花生（peanut）、桂圆（longan）、栗子（chestnut）等，意思是"早生贵子"，祝福新郎新娘早生孩子。如果新郎新娘的家在两个不同的地方，可能还要在两家各举行一次婚礼。

选择正确答案：

1. "黄昏"的意思是：　　　　　　　　　　　　（　　）
    A. 早上　　　　　　B. 中午　　　　　　C. 傍晚
2. 下面哪一个不是中国传统婚礼的习俗？　　　（　　）
    A. 闹洞房　　　　　B. 穿婚纱　　　　　C. 送红包
3. "去喝喜酒"的意思是：　　　　　　　　　　（　　）
    A. 去参加婚礼　　　B. 跟朋友去喝酒　　C. 很高兴地喝酒
4. "红包"的意思是：　　　　　　　　　　　　（　　）
    A. 红色的钱包　　　B. 红色的包子　　　C. 用红色信封包起来的钱

学习后记

词语	语言点

18 我把旅行箱搬到你房间了

学习提示

话　　题	搬家
重点词	放　摆　贴　倒　布置 收拾　准备　装　最后　以为
重点句	1. 我把旅行箱搬到你房间了。 2. 把"福"字贴在门上吧。 3. 你可以把房间布置成"武术世界"。 4. 先把书、杂志、光盘什么的放到纸箱子里，然后把衣服装到旅行箱里，最后把小条儿贴在箱子上。 5. 我打算把不用的东西送给朋友。
语　　法	"把"字句（1）
语音练习	综合语音练习及诗歌朗读——《元日》
词汇积累	动作动词
汉字认知	提手旁（扌）的汉字；反文旁（攵）的汉字
文化阅读	中国的历法

第18课　我把旅行箱搬到你房间了

热身活动

想一想　说一说

你搬过家吗？如果你搬家，你会采用下面的哪种方式？
Have you ever moved? Which of the following ways will you use if you move?

请搬家公司　　　　　　请朋友帮忙　　　　　　自己搬

课堂学习

课　文　一

听一听　 18-1

听前问题：谁在搬家？

（金大成的同屋搬走了，杰克搬来住）

金大成：杰克，我把旅行箱搬到你房间了。

杰　克：谢谢！

金大成：纸箱子放在什么地方？

杰　克：先把它们放到桌子下面去吧。

金大成：你的这盆花真漂亮！

杰　克：是朋友送的，把它摆在窗台上怎么样？

金大成：太好了，我正想买一盆呢。

杰　克：我还有一张"福"字，把它贴在门上吧。

金大成：别忘了倒着贴，让"福""到"咱们家来。

杰　克：真像过春节。

金大成：累了吧，去我房间喝点儿水吧。

（杰克来到金大成的房间）

杰　克：呀，你在墙上贴了这么多足球明星的照片，都把这儿布置成"足球小屋"了。

金大成：你不是喜欢武术吗？你可以把房间布置成"武术世界"。

📄 练一练

1. 读课文　Read the text.

2. 根据课文内容提问并回答　Ask and answer questions based on the text.

   例：金大成把杰克的旅行箱搬到什么地方了？

3. 分角色表演　Role play.

4. 模仿课文，用下列提示词，说说你想怎么布置这个房间

   Use the following words to talk about how you will decorate this room.

   放　摆　挂　贴　在　到　给　成

第18课 我把旅行箱搬到你房间了

词语一

读一读 写一写 18-2

序号	词语	拼音	词性	英文释义	搭配
1	旅行箱	lǚxíngxiāng	名词	suitcase	一个旅行箱
2	纸	zhǐ	名词	paper	一张纸　白纸
3	箱子	xiāngzi	名词	box, case	一个箱子　纸箱子
4	它们	tāmen	代词	they, them	
5	放	fàng	动词	to put, to place	放在这儿　放到那儿　放下
6	桌子	zhuōzi	名词	table, desk	一张桌子　桌子上　搬桌子
7	盆	pén	名词	round utensil with a large opening and small bottom for use as a receptacle or for washing	水盆　洗衣盆
			量词	*a measure word for basins, pots, etc.*	一盆水　两盆衣服
8	花	huā	名词	flower	一盆花　花盆
9	它	tā	代词	it	
10	摆	bǎi	动词	to arrange, to place sth. properly	摆在桌子上　摆好
11	窗台	chuāngtái	名词	windowsill	窗台上　摆在窗台上
12	福	fú	名词	luck, happiness	"福"字　"福"到
13	贴	tiē	动词	to paste, to stick	贴在门上　贴"福"字
14	倒	dào	动词	to invert, to place upside down	倒着贴　倒过来
15	像	xiàng	动词	to be like, to take after	像爸爸　真像　很像
16	墙	qiáng	名词	wall	贴在墙上
17	明星	míngxīng	名词	(movie, singing, etc.) star	足球明星　明星照片
18	布置	bùzhì	动词	to decorate	布置房间　布置教室
19	屋(子)	wū (zi)	名词	room	一间小屋　足球屋　进屋
20	世界	shìjiè	名词	world	武术世界　世界真大

重点词一

学一学

放　（1）A：看见我的自行车钥匙了吗？
　　　　B：放在你书包里了。
　　（2）我的书你放到哪儿了？
　　（3）重要的东西你一般放在什么地方？

> 放 + 在 / 到 + 处所词
> 放 + 在 / 到 + noun of locality

摆　（1）A：这盆花摆在什么地方比较好？
　　　　B：摆在窗台上吧。
　　（2）A：我的照片呢？
　　　　B：摆到你桌子上了。
　　（3）你有家人的照片吗？你一般摆在什么地方？

> 摆 + 在 / 到 + 处所词
> 摆 + 在 / 到 + noun of locality

贴　（1）上次给妈妈寄信我忘了贴邮票。
　　（2）春节的时候，中国人常常在门上贴一张"福"字。
　　（3）我在宿舍的墙上贴了很多足球明星的照片，你呢？

倒　（1）A：听说中国人一般倒着贴"福"字。
　　　　B：对，意思是让"福""到"家里来。
　　（2）A：这是什么字？
　　　　B：你拿倒了。倒着看就知道了。
　　（3）"6"倒着看是几？

布置　（1）我刚搬完家，正忙着布置房间呢。
　　　（2）你的房间布置得真漂亮！
　　　（3）咱们一起布置一下教室吧。

练一练

1. 搭配连线　Match the words on the left with those on the right.

   放　　　　　　房间
   摆　　　　　　花盆
   贴　　　　　　书
   布置　　　　　照片

2. 用所给词语填空　Fill in the blanks with the given words.

> 放　摆　贴　倒　布置

（1）A：欧阳兰和李伟的新家_____得怎么样了？
　　　B：我刚去过，_____得特别漂亮！
（2）A：你的自行车_____在哪儿了？
　　　B：_____在楼下了。
（3）A：我买了"福"字，_____在门上怎么样？
　　　B：好啊，别忘了_____着_____。
（4）A：你们全家的照片_____在什么地方？
　　　B：_____在我桌子上吧。

课　文　二

🎧 听一听　 18-3

> 听前问题：杰克昨天晚上做什么了？

　　昨天晚上，我开始收拾东西，准备搬家。

　　我买了很多纸箱子和胶带。先把书、杂志、光盘什么的放到纸箱子里，然后把衣服装到旅行箱里，最后把小条儿贴在箱子上，可以知道里面是什么。还有一些不用的东西，我也收拾好了，打算把它们送给朋友。

　　我一直以为自己的东西很少，一收拾才知道还真多，一直到今天早上七点才收拾完。我刚打算休息一会儿，搬家公司的电话就来了，他们已经把车开到楼下了。

📄 练一练

1. 读课文　Read the text.

2. 根据课文内容提问并回答　Ask and answer questions based on the text.

> 例：杰克是什么时候开始收拾东西的？

3. 根据课文内容填表，然后复述课文 Fill in the form based on the text and then retell the text.

书、杂志、光盘什么的	放到纸箱子里
衣服	
小条儿	
不用的东西	

4. 用下列提示词，说一说如果是你搬家，你怎么收拾东西
   Use the following words to talk about how you pack things before moving.

   收拾   先……，再……，然后……，最后……   装

词 语 二

读一读 写一写

序号	词语	拼音	词性	英文释义	搭配
1	收拾	shōushi	动词	to put…in order, to pack	收拾东西 收拾屋子
2	准备	zhǔnbèi	动词	to prepare	好好儿准备 准备做饭
3	搬家	bān//jiā	动词	to move	准备搬家 搬家公司
4	胶带	jiāodài	名词	sellotape, rubberized or adhesive tape	买胶带 找胶带
5	杂志	zázhì	名词	magazine, journal	一本杂志 看杂志
6	光盘	guāngpán	名词	CD	一张光盘 听光盘
7	装	zhuāng	动词	to load, to pack	装东西 装进去 装到书包里
8	最后	zuìhòu	名词	finally, ultimately	先……，然后……，最后……
9	小条儿	xiǎotiáor	名词	sticker	一张小条儿 贴小条儿
10	以为	yǐwéi	动词	to think	我以为 开始以为
11	车	chē	名词	car, vehicle	坐车 买车
12	开	kāi	动词	to drive	开车 开到楼下

重 点 词 二

学一学

收拾　（1）杰克明天搬家，正在收拾东西呢。
　　　　（2）你该收拾收拾房间了。
　　　　（3）A：你多长时间收拾一次屋子？
　　　　　　　B：我每天都收拾。

准备　（1）昨天晚上，我开始收拾东西，准备搬家。
　　　　（2）A：明天的考试你准备得怎么样了？
　　　　　　　B：早就准备好了！
　　　　（3）下个星期我要参加一个面试，得好好儿准备。

装　　（1）搬家的时候，我把衣服都装到了旅行箱里。
　　　　（2）A：把这些书装到什么地方？
　　　　　　　B：装到纸箱子里吧。
　　　　（3）老师的书包很大，她的书、我们的作业什么的都能装进去。

最后　（1）今天早上谁最后一个来的？
　　　　（2）周末的时候，我打算先去颐和园，
　　　　　　然后去故宫，最后去天坛。
　　　　（3）今天我打算先去学校上课，再去食堂吃饭，
　　　　　　然后去邮局寄包裹，最后回宿舍学习汉语。

> 先……，再……，然后……，最后……
> ➢ 表示连续动作的顺序。
> It indicates the order of a series of actions.

以为　（1）我以为飞机早上八点到北京，问了工作人员才知道是晚上八点。
　　　　（2）我以为我的东西很少，一收拾才知道还真多。
　　　　（3）A：不好意思，我迟到了。
　　　　　　　B：我以为你不来了呢。

> ➢ "以为"做出的论断常常和事实不同。
> "以为" indicates an assertion made is usually different from the fact.

练一练

1. 用所给词语填空　Fill in the blanks with the given words.

> 收拾　准备　装　最后　以为

（1）A：你后天就要搬家了，东西_____好了吗？
　　　B：不着急，明天开始_____。

（2）A：这个菜谁点的？太难吃了！

B：不好意思，我＿＿＿＿＿很好吃呢。

（3）A：大家＿＿＿＿＿好了吗？我们开始听写。

B：老师，再等一会儿，我还没＿＿＿＿＿好呢。

（4）下课以后我打算先去食堂吃饭，然后去超市买东西，＿＿＿＿＿回家休息。

2. 用"先……，再……，然后……，最后……"完成句子

Complete the following sentences using "先……，再……，然后……，最后……".

（1）上课的时候＿＿＿＿＿＿＿＿＿＿＿＿＿＿＿＿＿＿＿＿＿＿＿＿＿＿。

（2）A：今天晚上你做什么？

B：＿＿＿＿＿＿＿＿＿＿＿＿＿＿＿＿＿＿＿＿＿＿＿＿。

（3）A：这个周末你打算做什么？

B：＿＿＿＿＿＿＿＿＿＿＿＿＿＿＿＿＿＿＿＿＿＿＿＿。

语 法

学一学

"把"字句（1） The "把"-Sentence（1）

书刚才在哪儿？书现在在哪儿？她做什么了？

1. 把……V 在……

（1）老师把书放在桌子上了。

（2）A：你想把"福"字贴在哪儿？

B：我想把"福"字贴在门上。

（3）A：你把花摆在窗台上了没有？

　　B：我没把花摆在窗台上，我把花摆在桌子上了。

2. 把……V 到……

（1）我把旅行箱搬到你房间了。

（2）老师把书放到书包里去了。

（3）我想把椅子搬到教室外面去。

3. 把……V 给……

（1）我们把花送给老师了。

（2）请大家把作业本交（jiāo to hand in）给老师。

（3）我没把自行车借（jiè to lend）给他。

4. 把……V 成……

（1）您好，我想把这些美元换成人民币。

（2）我常常把"q"说成"j"。

（3）A：你想把房间布置成什么样子？

　　B：我想把房间布置成足球小屋。

主语（S）	谓语（P）				
	不/没 想/要/可以……	把	宾语（O）	V	在/到/给/成	其他成分
我	想	把	椅子	搬	到	教室外面去。

练一练

1. 用"在""到""给""成"填空　Fill in the blanks using "在", "到", "给" or "成".

（1）我把美元都换_____人民币了。

（2）我想把这件旗袍寄_____妈妈。

（3）大家把今天的作业写_____书上。

（4）我把电视机搬_____客厅去了。

2. 两人一组，做替换练习　Work in pairs to do the substitution drills.

（1）请把这本杂志放在桌子上。

你的自行车	放	楼下
这盆花	摆	窗台上
这张"福"字	贴	门上
老师的电话	记	本子上

（2）A：把 这些杂志 放 到什么地方？
B：把 这些杂志 放 到 桌子下面 去。

| 这些不用的箱子
电视机
这张照片
这件礼物 | 放
搬
摆
送 | 门外面
卧室里
桌子上
杰克和金大成家 |

（3）请把 这盆花 送 给 爱子。

| 这件礼物
我的作业
这本杂志
这本书 | 送
交
还（huán to return）
带 | 你的父母
老师
图书馆
我朋友 |

（4）我想把 房间 布置 成 武术世界。

| 房间
我们班的故事
这本书
你唱的歌 | 布置
写
翻译（fānyì to translate）
做 | 足球小屋
书
汉语
光盘 |

3. 搭配连线　Match the words in the three columns.

把"福"字	贴在	老师
把这本书	摆到	门上
把房间	送给	武术世界
把这盆花	布置成	窗台上

4. 两人一组，根据图片说"把"字句

Work in pairs. Make "把" - Sentences based on the following pictures.

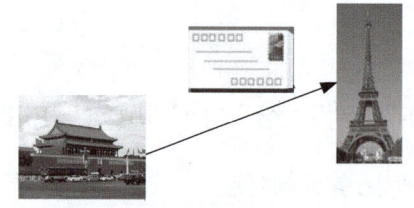

例：我把"福"字贴在门上了。　（1）_____

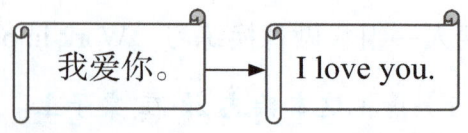

（2）_____　（3）_____

5. 根据"把"字句的用法，一位同学做动作，其他同学用"把"字句说说他做什么了

Ask a student to do some actions and others to talk about the actions using "把" - Sentences.

实践活动

语音练习  18-5

一、双音节练习　Practice the disyllabic words.

搬家	窗台	包裹	胶带	收拾
明星	旗袍	没有	福字	什么
很多	以为	很少	准备	买了
面包	价格	送给	布置	下面

二、多音节练习　Practice the polysyllabic words.

【"把"字句】　把书放在桌子上。　　把花摆在窗台上。　　把作业写在书上。
　　　　　　　把书放到书包里。　　把旅行箱搬到房间里。　把东西装到箱子里。
　　　　　　　把礼物送给朋友。　　把作业交给老师。　　把书还给图书馆。
　　　　　　　把"q"说成"j"。　　把人民币换成美元。　　把房间布置成汉语世界。

三、朗读诗歌　Read the poem.

Yuán Rì
[Sòng] Wáng Ānshí
Bàozhú shēng zhōng yí suì chú,
Chūnfēng sòng nuǎn rù túsū.
Qiān mén wàn hù tóngtóng rì,
Zǒng bǎ xīn táo huàn jiù fú.

元　日
[宋]王安石
爆竹声中一岁除，
春风送暖入屠苏。
千门万户曈曈日，
总把新桃换旧符。

词汇积累

动词	搭配	图例
打	打……球	
	打架 dǎ//jià	
推 tuī	推门	
拉 lā	拉小提琴 xiǎotíqín	
提	提箱子	
踢 tī	踢足球	
	踢毽子 jiànzi	

汉字认知

提手旁（扌）的汉字；反文旁（夂）的汉字

Characters with the Radical "扌" and Charcters with the radical "夂"

下面几个汉字的部首是"扌"，读作"提手旁"：

The following characters have "扌" as the radical, which is pronounced tíshǒupáng（提手旁）.

下面几个汉字的部首是"夂"，读作"反文旁"：

The following characters have "夂" as the radical, which is pronounced fǎnwénpáng（反文旁）.

提手旁和反文旁的汉字最早的意思都和手的动作有关系。

Characters with the radical "扌" and "夂" were originally related in meaning to actions using a hand.

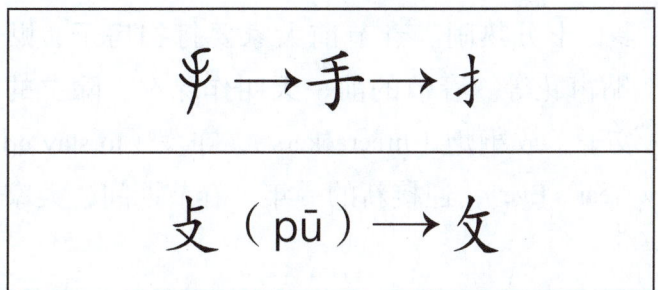

交 际 任 务

问一问你的朋友，重要节日的时候，他们一般买些什么，怎么布置自己的家。至少询问三位以上，填在下面的表里。下次课汇报。

Interview three or more of your friends about what they usually buy and how they decorate their houses on important holidays. Fill in the following form and report your findings to the class next time.

买什么	怎么布置

文 化 阅 读

中国的历法（calendar）

中国同时使用阳历和阴历两种历法。阳历是世界上多数国家通用的历法，地球（earth）绕太阳一圈就是一年。阴历是中国传统的历法，用月亮变化的周期（period, cycle）规定月份。因为和农业（agriculture）有关，所以阴历也叫农历。

中国很多重要的传统节日都是用阴历计算的。比如，正月十五的元宵节、五月初五的端午节、八月十五的中秋节等等。当然，最重要的就是春节了。

春节是农历的正月初一，是中国最重要的节日。春节前后这段时间活动非常多，十分热闹。春节前大家要打扫房子、贴"福"字、贴对联、贴窗花等。春节的前一天叫作除夕，除夕的晚上全家团圆，吃饺子、放鞭炮（firecrackers）、守岁（to stay up late or all night on New Year's Eve），迎接新的一年。春节期间，大家

都忙着拜年（to wish somebody a happy New Year）。以前的拜年，都是亲自到亲朋好友家拜访，现在更多的人用电话、短信拜年，或者在网上拜年了。

你在中国过过春节吗？今年的春节可以在中国感受一下年味儿。

判断正误：

1. 世界上多数国家都用阴历。　　　　　　　　　　（　　）
2. 元宵节是每年的1月15号。　　　　　　　　　　（　　）
3. 除夕晚上应该"守岁"。　　　　　　　　　　　　（　　）
4. 现在，过春节的时候，大家都要到亲戚朋友家拜年。（　　）

学习后记

词语

语言点

19 那边走过来一个人

学习提示

话　　题	网上购物、介绍房间
重点词	一共　检查　签字 铺　挂　空　来得及
重点句	1. 那边走过来一个人。 2. 怀里抱着一个大箱子。 3. 床上铺着新买的床单。 4. 墙上挂着一幅中国的山水画。 5. 衣服还没来得及收拾呢。
语　　法	存现的表达——存现句
语音练习	综合语音练习及诗歌朗读——《游子吟》
词汇积累	常见洗漱（xǐshù）用品及用途
汉字认知	竹字头（⺮）的汉字
文化阅读	中国互联网的发展

第 19 课　那边走过来一个人

热身活动

想一想　说一说

你在网上买过这些东西吗？你觉得什么东西适合在网上买？

Have you ever tried shopping online? What do you think are suitable to be bought online?

图书 túshū

服装 fúzhuāng

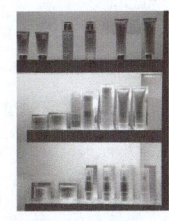
化妆品 huàzhuāngpǐn

电子产品 diànzǐ chǎnpǐn

课堂学习

听一听　19-1

听前问题：杰克在等谁？他送来了什么？

（杰克在等快递员送网上买的东西。电话铃响了）

快递员：喂！我是送货的快递员，你是杰克吗？
杰　克：我是。你什么时候能送到？
快递员：十五分钟以后。
杰　克：好！我到楼下等你。

（十五分钟以后，杰克在楼下遇到金大成）

杰　克：大成，回来啦？
金大成：杰克，你干什么呢？
杰　克：我在等快递呢。怎么还没到呀？
金大成：你看！那边走过来一个人，怀里抱着个大箱子。
杰　克：可能是给我送东西的。

（杰克向快递员走过去）

杰　克：你是送快递的吧？我是杰克。
快递员：这是您的购物单，一共三百三十八块钱，发票在箱子里。
杰　克：我检查一下，床单、台灯、二十个衣架。对了！给你三百四十块。
快递员：找你两块。请在这儿签一下字。
金大成：我帮你搬上去吧。
杰　克：好，谢谢。

练一练

1. 读课文　Read the text.

2. 根据课文内容提问并回答　Ask and answer questions based on the text.

   例：杰克一共花了多少钱？

3. 分角色表演　Role play.

4. 两人一组，模仿课文表演送、收快递　Work in pairs. Send / receive a parcel following the text.

A（快递员）	B
你是……吗？	你什么时候…… 我检查一下。
这是…… 请在这儿签一下字。	

词　语　一

读一读　写一写

序号	词语	拼音	词性	英文释义	搭配
1	快递	kuàidì	名词	EMS	送快递　等快递　快递员
2	货	huò	名词	goods	送货　收货
3	怀	huái	名词	bosom	怀里
4	抱	bào	动词	to carry	抱着大箱子　抱孩子

5	购物单	gòuwùdān		shopping list	一张购物单
6	一共	yígòng	副词	altogether	一共多少钱　一共三件
7	发票	fāpiào	名词	invoice	开发票　要发票
8	检查	jiǎnchá	动词	to check	检查一下　检查检查
9	床单	chuángdān	名词	bedsheet	一条床单　新床单
10	台灯	táidēng	名词	table lamp	买台灯　一个台灯
11	衣架	yījià	名词	hanger	一个衣架　买衣架
12	签字	qiān//zì	动词	to sign one's name	请签字　在这儿签字　签一下字

重点词 一

学一学

一共　（1）昨天我一共买了十本书。
　　　　（2）三斤苹果、两斤香蕉，一共三十五块钱。
　　　　（3）这是你的购物单，一共三百三十八块钱。

检查　（1）A：大夫，我肚子疼。
　　　　　　B：来，我给你检查一下。
　　　　（2）A：老师，我做完了，给您。
　　　　　　B：别着急，你再检查检查。
　　　　（3）你每年都去医院检查身体吗？

签字　（1）我看完以后再签字。
　　　　（2）请在这儿签一下字。
　　　　（3）一般什么时候得签字？

练一练

用所给词语填空　Fill in the blanks with the given words.

　　　　一共　检查　签字

（1）我们班_____有二十五个学生。

（2）A：我最近总是觉得很累。

B：你应该去＿＿＿＿＿一下身体。

（3）这是您的购物单，请在这儿＿＿＿＿＿。

课 文 二

🎧 听一听  19-3

> 听前问题："我"房间的墙上挂着什么？

　　我刚搬家，现在和金大成是同屋。我的房间不太大，但是很安静。房间里有一张床、一张书桌和一个床头柜。床上铺着新买的床单。桌子上放着一个台灯，还放着一台笔记本电脑。墙上挂着一幅中国的山水画，还有一张我们全家的照片。窗台上摆着一盆花，是朋友送的。衣柜还是空的，衣服还没来得及收拾呢。客厅是公用的，有冰箱、餐桌、沙发什么的。

　　我喜欢在网上买东西，床单、台灯和衣架都是在网上买的，价格比在商店买便宜多了，还可以送货上门。在网上买东西是年轻人最喜欢的购物方式。

📄 练一练

1. 读课文　Read the text.

2. 根据课文内容提问并回答　Ask and answer questions based on the text.

> 例：年轻人为什么喜欢网上购物？

3. 根据课文内容填表，然后复述课文　Fill in the form based on the text and then retell the text.

我的房间	
房间里	
床上	
桌子上	
墙上	
窗台上	
衣柜里	
客厅里	

4. 用下列提示词，描述你的房间　Use the following words to describe your room.

> 有　铺　放　挂　摆

词 语 二

读一读 写一写 19-4

序号	词语	拼音	词性	英文释义	搭配
1	安静	ānjìng	形容词	quiet	很安静 喜欢安静
2	床	chuáng	名词	bed	一张床
3	书桌	shūzhuō	名词	desk	一张书桌
4	床头柜	chuángtóuguì	名词	bedside cupboard	一个床头柜
5	铺	pū	动词	to spread, to unfold	铺床单 铺在上面
6	笔记本	bǐjìběn	名词	laptop	一个笔记本 一台笔记本电脑
7	挂	guà	动词	to hang	挂画 挂照片
8	幅	fú	量词	*a measure word used for cloth, silk, paintings, etc.*	一幅画 一幅照片
9	山水画	shānshuǐhuà	名词	landscape painting	一幅山水画 中国山水画
10	衣柜	yīguì	名词	closet	一个衣柜 大衣柜
11	空	kōng	形容词	empty	空衣柜 空车
12	来得及	láidejí	动词	there's still time, to be able to do something in time	时间来得及 还来得及
13	公用	gōngyòng	动词	for public use	公用厨房 公用卫生间
14	冰箱	bīngxiāng	名词	refrigerator	一台冰箱 买冰箱
15	餐桌	cānzhuō	名词	dining table	一个餐桌
16	沙发	shāfā	名词	sofa	一个沙发 坐在沙发上
17	上门	shàng//mén	动词	to call at (sb.)	送货上门 上门服务
18	方式	fāngshì	名词	way	购物方式

重点词二

学一学

铺
（1）床上铺着新床单。
（2）你把桌布（zhuōbù table cloth）铺在桌子上吧。
（3）我房间的地上铺着地毯（dìtǎn carpet）。

挂
（1）教室的墙上挂着一张地图。
（2）墙上挂着一幅山水画，还有一张我们全家的照片。
（3）我把衣服挂到衣柜里了。

空
（1）前面开过来一辆空车。
（2）这儿还有空房间吗？
（3）那个箱子是空的，你可以放东西。

来得及
（1）我刚到家，还没来得及做饭呢。
（2）衣柜还是空的，衣服还没来得及收拾呢。
（3）咱们还有二十分钟，现在准备还来得及。
（4）A：电影七点半开始，现在走来得及吗？
    B：来得及。
（5）他已经出发了，我们来不及送他了。
（6）现在已经四点半了，去银行已经来不及了。

> 来得及 + V（+O）
>
> V（+O）+ 来得及
> ➢ "来得及"表示还有时间，能够顾到或赶上。否定形式是"来不及"。
> "来得及" means "there is still enough time to do something in time". The negative form is "来不及".

练一练

用所给词语填空　Fill in the blanks with the given words.

> 铺　挂　空　来得及　来不及

（1）春节的时候，家家门口都_____着大红灯笼（dēnglong lantern）。
（2）妈妈，帮我_____一下床单。
（3）明天考试，现在复习已经_____了。
（4）那个衣柜是_____的。
（5）作文比赛还有一个月呢，现在写还_____。

语　法

📖 学一学

存现的表达——存现句　Expressing Existence— the Existential Sentence

1. 处所词＋V＋着＋物／人　Noun of Locality＋V＋着＋Something／Somebody

> 桌子上放着很多书。

> 存现句表示事物或人存在的状态。
> An existential sentence denotes the existence of something or somebody.

（1）桌子上<u>放着</u>两瓶水。
（2）教室里<u>坐着</u>很多学生。
（3）他怀里<u>抱着</u>个大箱子。

注意　Note：
> 存现句的宾语一般为不确定的事物或人。
> The object of an existential sentence usually refers to something or somebody indefinite.

主语（S）（处所词）	谓语（P）		
	V	着	宾语（O）（物／人）
教室里	坐	着	很多学生。

2. 处所词＋V＋趋向补语／结果补语＋物／人
Noun of Locality＋V＋Complement of Direction／Complement of Result＋Something／Somebody

> 前面开过来一辆出租车。

> 存现句表示某物或某人出现或消失。
> An existential sentence indicates the appearance or disappearance of something or somebody.

（1）前面<u>开过来</u>一辆公共汽车。
（2）那座楼里<u>搬走</u>了一家人。
（3）那边<u>走过来</u>一个人。

主语（S）（处所词）	谓语（P）		
	V	趋向补语／结果补语	宾语（O）（物／人）
那边	走	过来	一个人。

练一练

1. 两人一组，做替换练习　Work in pairs to do the substitution drills.

   （1）<u>桌子</u>上 <u>放</u> 着 <u>一本书</u>。

黑板	写	很多字
墙	挂	很多画
床头柜	放	一个杯子

   （2）<u>飞机上</u> <u>走下来</u> <u>几个人</u>。

楼上	跑下来	两个人
办公室里	走出来	一个老师
前面	开过来	一辆车

2. 用所给词语填空　Fill in the blanks using the given words.

   着　走　下来　出来　过来　进来

   （1）图书馆里走_____几个留学生。

   （2）山上走_____很多老人。

   （3）教室的墙上挂_____一张中国地图（dìtú map）。

   （4）那边开_____一辆出租车。

   （5）大楼里搬_____了两家人。

   （6）门外走_____一个人。

3. 根据下面的图片，用"存现句"造句

   Make existential sentences based on the following pictures.

   例：窗台上摆着两盆花。

   （1）_____

   （2）_____

   （3）_____

实践活动

语音练习  19-5

一、双音节练习　Practice the disyllabic words.

沙发　　窗台　　山水　　发票　　箱子
床单　　床头　　结果　　一共　　别的
好吃　　检查　　所以　　马上　　买的
放心　　上门　　过敏　　快递　　挂着

二、多音节练习　Practice the polysyllabic words.

【存现句】　前边走过来一个人。　　那边开过来一辆车。
　　　　　　教室里搬出去两张桌子。　楼里搬走了一家人。
　　　　　　学校送走了一些学生。　　床上铺着新床单。
　　　　　　墙上挂着一幅画。　　　　窗台上摆着一盆花。
　　　　　　桌子上放着几本书。　　　门上贴着"福"字。

三、朗读诗歌　Read the poem.

Yóuzǐ Yín

[Táng] Mèng Jiāo

Címǔ shǒu zhōng xiàn,
Yóuzǐ shēnshang yī.
Lín xíng mìmì féng,
Yìkǒng chíchí guī.
Shéi yán cùn cǎo xīn,
Bào dé sān chūn huī!

游子吟

[唐]孟郊

慈母手中线，
游子身上衣。
临行密密缝，
意恐迟迟归。
谁言寸草心，
报得三春晖！

词汇积累

常见洗漱（xǐshù）用品	图例	量词	用途
毛巾 máojīn		条	洗脸 xǐ liǎn
牙刷 yáshuā		把	刷牙
牙膏 yágāo		支	刷牙
梳子 shūzi		把	梳头（发）
洗发水		瓶	洗头（发）
香皂 xiāngzào 沐浴露 mùyùlù		块 瓶	洗澡 xǐ//zǎo
剃须刀 tìxūdāo		个	刮胡子 guā húzi
肥皂 féizào 洗衣粉 xǐyīfěn 洗衣液 xǐyīyè		块 包/袋 dài 瓶	洗衣服

汉字认知

竹字头（⺮）的汉字　Characters with the Radical "⺮"

下面几个汉字的部首是"⺮"，读作"竹字头"：

The following characters have "⺮" as the radical, which is pronounced zhúzìtóu（竹字头）.

	笔	签	箱	等	算

竹字头的汉字最早的意思和竹子做的东西有关系。

Characters with the radical "⺮" were originally related in meaning to products made of bamboos.

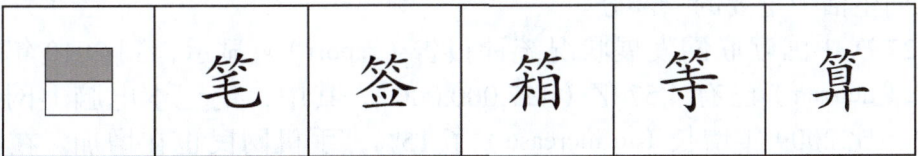

交际任务

调查一下同学们网上购物的情况，包括都在哪些购物网站买过东西，买过什么，多少钱，为什么在网上买等。至少调查三位以上，填在下面的表里。下次课汇报。

Interview three or more of your classmates about their online shopping experience. Which online shops did they use? What did they buy and how much was it? Why did they shop online? Fill in the following form and report your findings to the class next time.

网站	买什么	多少钱	为什么在网上买

文化阅读

中国互联网（Internet）的发展

现代社会，互联网与人们生活的关系越来越密切。从发电子邮件到打网络电话，从找工作到查资料，从政府网上办公到顾客网上购物（to shop）……互联网已经成为人们生活中重要的一部分。

《第27次中国互联网发展状况统计报告（report）》显示，到2010年12月底，中国网民（netizen）已有4.57亿（457,000,000）。其中，笔记本电脑上网率（rate）上升最快，比2009年增长（to increase）了15%，手机网民也在增加。在所有的网络活动中，电子购物用户增长最多，年增长48.6%。这说明中国的经济活动已经慢慢进入网络时代。

但是，《报告》也显示，虽然中国有线用户（user）中用宽带（broadband）的人已经高达98.3%，但全国互联网平均速度只有100.9 KB/s，远低于全球平均速度（230.4 KB/s）。另外，虽然政府和老百姓对网络安全问题都非常关心，但网络与信息安全还是一个没有完全解决的难题。

选择正确答案：
1. 文中提到了下面哪一种网络活动？　　　　　　　　　　　　　（　　）
　　A. 在网上看电影　　　　B. 在网上买东西　　　　C. 在网上听音乐
2. 人们看到《第27次中国互联网发展状况统计报告》的时间应该是：（　　）
　　A. 2008年　　　　　　B. 2009年　　　　　　　C. 2011年
3. 2010年增加得最多的网民是：　　　　　　　　　　　　　　　（　　）
　　A. 笔记本网民　　　　　B. 手机网民　　　　　　C. 台式电脑网民
4. 文中没有提到下面哪一个问题？　　　　　　　　　　　　　　（　　）
　　A. 网络连接速度　　　　B. 网络与信息安全　　　C. 青少年上网时间长

学习后记

词语	语言点

20 我把桌子和椅子都摆好了

学习提示

话　　题	做客、做菜
重 点 词	打开　递　帮忙　麻烦　需要 做客　炒　倒　味道
重 点 句	1. 等一会儿咱们把酒打开。 2. 我去把椅子搬过来。 3. 麻烦你把这些水果洗一下。 4. 我把桌子和椅子都摆好了。 5. 她把炒土豆丝的做法告诉了我。
语　　法	1. "把"字句（2） 2. 无标志被动句
语音练习	综合语音练习及诗歌朗读——《枫桥夜泊》
词汇积累	菜的做法及各种调料
汉字认知	草字头（艹）的汉字；木字旁（木）的汉字
文化阅读	乔迁之喜

热身活动

想一想 说一说

你去中国人家做过客吗？去的时候一般带些什么礼物？
Have you ever been a guest of a Chinese family? What gift did you usually bring?

 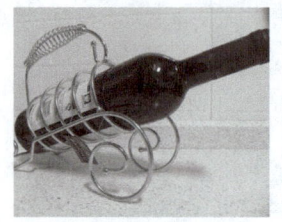  

鲜花 xiānhuā　　红酒 hóngjiǔ　　水果 shuǐguǒ　　蛋糕 dàngāo

课堂学习

课　文　一

听一听 20-1

听前问题：爱子她们带了哪些礼物？

（安娜和爱子去金大成和杰克家做客）

金大成：安娜、爱子，你们好！欢迎来我们"家"，快请进！

爱　子：你们"家"布置得真不错！

安　娜：这是我们买的葡萄酒。

金大成：谢谢！等一会儿咱们把酒打开。杰克，请把电话递给我，我叫个外卖。

杰　克：好的。我去把椅子搬过来，咱们在客厅吃吧。

爱　子：我们还买了一些水果，我给你们做个水果沙拉吧。

安　娜：我来帮忙。

爱　子：好，那麻烦你把这些水果洗一下。

金大成：爱子，需要我做什么吗？

爱　子：刀在哪儿？你把刀拿过来吧。我要把这些水果切成小块。

安　娜：我来把沙拉拌好。

金大成：拌好以后，把樱桃放上去吧。

杰　克：我把桌子和椅子都摆好了。

金大成：都准备好了，咱们开饭吧！

练一练

1. 读课文　Read the text.

2. 根据课文内容提问并回答　Ask and answer questions based on the text.

   例：谁帮爱子做了水果沙拉？

3. 分角色表演　Role play.

4. 两人一组，模仿课文，表演到朋友家做客
   Work in pairs. Act out a visit to a friend's family following the text.

A	B
欢迎……	你们家……
请……	这是……
	你在做什么呢？
请把……	需要我们……

词　语　一

读一读　写一写

序号	词语	拼音	词性	英文释义	搭配
1	葡萄酒	pútaojiǔ	名词	wine	一瓶葡萄酒　喝葡萄酒
2	打开	dǎ//kāi	动词	to open, to turn on	打开书　打开葡萄酒　打开电脑　打开空调
3	递	dì	动词	to hand over, to pass	递给我　递过来
4	外卖	wàimài	名词	takeaway	一份外卖　叫外卖
5	椅子	yǐzi	名词	chair	一把椅子　搬椅子
6	沙拉	shālā	名词	salad	水果沙拉

7	帮忙	bāng//máng	动词	to help	帮帮忙　帮了我一个大忙
8	麻烦	máfan	动词	to trouble, to bother	麻烦你了
			形容词	troublesome	很麻烦　不麻烦
9	洗	xǐ	动词	to wash	洗手　洗衣服　洗干净
10	需要	xūyào	动词	to need	需要帮忙　需要学习
11	刀	dāo	名词	knife	一把刀　水果刀
12	切	qiē	动词	to cut	用刀切　切成小块
13	拌	bàn	动词	to stir and mix	拌菜　拌沙拉
14	樱桃	yīngtao	名词	cherry	买樱桃　一斤樱桃

重点词一

学一学

打开
（1）请把书打开。
（2）我刚把电脑打开。
（3）房间里太热了，我可以打开空调吗？

递
（1）请把电话递给我。
（2）你能不能把笔递给我？
（3）麻烦你把杯子递过来。

帮忙
（1）A：我给你们做个水果沙拉。
　　　B：好，我来帮忙。
（2）金大成，帮我个忙，帮我接一下电话。
（3）快来帮帮忙。

麻烦
（1）不好意思，真是麻烦你啦。
（2）麻烦您帮我个忙。　【V】

（3）这件事不太麻烦。　【Adj】
（4）你这个人很麻烦。

需要 （1）需要我做什么吗？
　　　（2）需要帮忙的时候，给我打电话。
　　　（3）你什么时候需要帮忙？

练一练

用所给词语填空　Fill in the blanks with the given words.

打开　递　帮忙　麻烦　需要

（1）请把刀＿＿＿＿＿给我，我要切水果。
（2）请同学们把书＿＿＿＿＿。
（3）A：爱子，＿＿＿＿＿你过来一下。
　　　B：怎么了？＿＿＿＿＿我做什么？
（4）他＿＿＿＿＿了我一个大＿＿＿＿＿，我得请他吃饭。

课　文　二

听一听　20-2

听前问题："我"爱吃什么中国菜？

　　今天我和爱子去金大成和杰克的"家"里做客。爱子做了一份水果沙拉，我觉得特别好吃。爱子会做很多菜，不但会做日本菜，还会做中国菜。她知道我爱吃土豆丝，还把炒土豆丝的做法告诉了我。先把土豆洗干净，把土豆切成丝，然后把油倒进锅里，等油热以后，把土豆丝放进锅里去，炒几分钟，最后加点儿盐和醋。回家以后我马上做了一次，做好后请我的同屋尝了尝，她说味道还不错。不过，她觉得应该把菜名换成"炸土豆条"。

练一练

1. 读课文　Read the text.

2. 根据课文内容提问并回答　Ask and answer questions based on the text.

例：为什么"我"的同屋觉得应该把菜名换成"炸土豆条"？

3. 根据课文内容填表，然后复述课文

Fill in the form based on the text and then retell the text.

炒土豆丝的做法	
洗	
切	
倒	
放	
炒	
加	

4. 用下列提示词，参考图片，介绍西红柿炒鸡蛋的做法

Talk about how to make scrambled eggs with tomatoes using following words based on the pictures.

洗　切　放　锅　炒　盘子　倒

词 语 二

读一读　写一写　🔊 20-4

序号	词语	拼音	词性	英文释义	搭配
1	做客	zuò//kè	动词	to be a guest or visitor	去朋友家做客
2	土豆	tǔdòu	名词	potato	一个土豆　一斤土豆
3	丝	sī	名词	shred, small narrow piece	土豆丝
4	炒	chǎo	动词	to stir-fry	炒菜　炒土豆丝　炒鸡蛋
5	做法	zuòfǎ	名词	way of doing or making sth., cooking method	菜的做法　炒土豆丝的做法
6	油	yóu	名词	oil	放油　一瓶油
7	倒	dào	动词	to pour	倒茶　倒进去
8	锅	guō	名词	pot, wok	一口锅　电饭锅　倒进锅里

9	热	rè	形容词	hot	特别热　有点儿热　不太热
10	加	jiā	动词	to add, to put in	加水　加点儿糖
11	盐	yán	名词	salt	加点儿盐　一袋盐
12	醋	cù	名词	vinegar	加点儿醋　一瓶醋
13	味道	wèidao	名词	taste, flavor	菜的味道　花的味道
14	炸	zhá	动词	to deep-fry	炸鸡　炸鱼

重点词二

学一学

做客
（1）今天我和爱子去金大成和杰克家做客。
（2）欢迎你有时间来我家做客。
（3）你到中国人家做过客吗？

炒
（1）我不会炒菜，你可以教我吗？
（2）我会炒土豆丝了。
（3）A：你会做中国菜吗？
　　　B：会，我会做西红柿炒鸡蛋。

倒
（1）麻烦你给我倒杯茶。
（2）把土豆切成丝，然后把油倒进锅里。
（3）我再给你倒点儿酒吧。

味道
（1）这个菜的味道不错。
（2）我最喜欢花的味道。
（3）你喜欢吃什么味道的菜？

练一练

用所给词语填空　Fill in the blanks with the given words.

> 做客　炒　倒　味道

（1）杰克请我们到他们家去_____呢。

（2）A：爱子，你能帮我_____杯咖啡吗？

B：当然可以。

（3）做西红柿炒鸡蛋的时候，要先_____鸡蛋。

（4）这个菜的_____非常好。

语 法 一

📔 学一学

"把"字句（2） The "把" - Sentence（2）

他把礼物给她了。

1. 把 + O_1 + V + O_2

（1）我把作业给老师了。

（2）麻烦你把书给爱子。

（3）我已经把电影票给你了。

主语（S）	谓语（P）			
	把	宾语（O_1）	V	宾语（O_2）
我	把	作业	给	老师 了。

2. 把 + O + V + 结果补语（Complement of Result）

（1）咱们把酒打开吧。

（2）我把作业做完了。

（3）A：你把水果洗干净了没有？

B：没洗干净呢。

主语（S）	谓语（P）			
	把	宾语（O）	V	结果补语
咱们	把	酒	打	开 吧。

3. 把 + O + V + 趋向补语（Complement of Direction）

（1）我把椅子搬出去。

（2）麻烦你把酒拿过来吧。

（3）把樱桃放上去吧。

主语（S）	谓语（P）			
	把	宾语（O）	V	趋向补语
我	把	椅子	搬	出去。

4. 把 + O + V + 得 + 状态补语（Complement of State）

（1）我把房间打扫得很干净。

（2）他把客厅收拾得很整齐。

（3）我们班同学把教室布置得非常漂亮。

主语（S）	谓语（P）				
	把	宾语（O）	V	得	状态补语
我	把	房间	打扫	得	很干净。

5. 把 + O + V + 动量补语（Complement of Frequency）

（1）你把水果洗一下，好吗？

（2）你把课文读一遍。

（3）请把桌子收拾一下。

主语（S）	谓语（P）			
	把	宾语（O）	V	动量补语
你	把	水果	洗	一下，好吗？

6. 把 + O + V（+ 一）+ V

（1）你把水果洗一洗吧。

（2）我得把课文复习复习。

（3）咱们把教室布置布置。

主语（S）	谓语（P）				
	把	宾语（O）	V	（一）	V
你	把	水果	洗	一	洗吧。

7. 把 + O + V + 了

（1）我把苹果吃了。

（2）他把药吃了。

（3）他把酒都喝了。

主语（S）	谓语（P）			
	把	宾语（O）	V	了
我	把	苹果	吃	了。

练一练

1. 用"把"字句完成会话　Complete the following dialogues using "把" - Sentences.

（1）A：_____？

　　　B：放在冰箱里了。

（2）A：这张桌子放在哪儿好？

　　　B：_____。

（3）A：房间太脏了！

　　　B：_____。

（4）A：教室里太黑了。

　　　B：_____。

2. 根据下列图片说"把"字句　Make "把" - Sentences based on the following pictures.

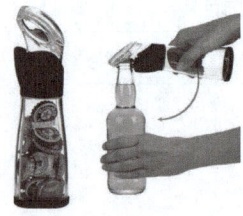

例：请把这瓶酒打开。　　　（1）_____

（2）_____　（3）_____

语 法 二

📓 **学一学**

无标志被动句　Unmarked Passive Sentences

饺子包好了。

（1）作业交给老师了。
（2）沙拉拌好了没有？
（3）这些水果洗得很干净。

> 无标志被动句的主语是动作的受事，一般是有所指的，而且多数是没有生命的。The subject of an unmarked passive sentence is usually a definite receiver of an action and most of them are lifeless.

📇 **练一练**

1. 用"无标志被动句"完成会话
   Complete the following dialogues using an unmarked passive sentences.

   （1）A：书和本子都带来了吗？
   　　B：_____。
   （2）A：椅子放在哪儿？
   　　B：_____。
   （3）A：_____？
   　　B：水果买来了。
   （4）A：_____？
   　　B：衣服放在衣柜里吧。

2. 根据下列图片说句子　Make sentences based on the following pictures.

例：书打开了。　　　　　　　　（1）_____。

（2）_____。　　（3）_____。

实践活动

语音练习

一、双音节练习　Practice the disyllabic words.

沙拉	帮忙	优美	需要	桌子
同屋	从来	门口	结账	麻烦
打开	旅行	只好	土豆	椅子
这些	特别	做法	外卖	味道

二、多音节练习　Practice the polysyllabic words.

【"把"字句】　把钱取了。　　　把土豆切了。　　　把水果洗了。
　　　　　　　把花给她。　　　把书给我。　　　　把礼物给朋友。
　　　　　　　把灯打开。　　　把作业做完。　　　把衣服洗干净。
　　　　　　　把本子拿出来。　把床单铺上去。　　把椅子搬进来。
　　　　　　　把水果洗洗。　　把房间收拾收拾。　把课文复习复习。
　　　　　　　把水果洗一下。　把房间收拾一下。　把课文复习一下。
　　　　　　　把家布置得很漂亮。　把房间收拾得很干净。　把衣柜整理得很整齐。

三、朗读诗歌　Read the poem.

Fēngqiáo Yè Bó
[Táng] Zhāng Jì
Yuè luò wū tí shuāng mǎn tiān,
Jiāng-Fēng yúhuǒ duì chóu mián.
Gūsū Chéng wài Hánshān Sì,
Yè bàn zhōng shēng dào kèchuán.

枫桥夜泊
[唐] 张继
月落乌啼霜满天，
江枫渔火对愁眠。
姑苏城外寒山寺，
夜半钟声到客船。

词汇积累

做法	图例	调料 tiáoliào	图例
炒		油	
煎 jiān		盐	
炸		酱油 jiàngyóu	
煮 zhǔ		番茄酱 fānqiéjiàng	

汉字认知

草字头（艹）的汉字；木字旁（木）的汉字

Characters with the Radical "艹" and Characters with the Radical "木"

下面几个汉字的部首是"艹"，读作"草字头"：

The following characters have "艹" as the radical, which is pronounced cǎozìtóu（草字头）.

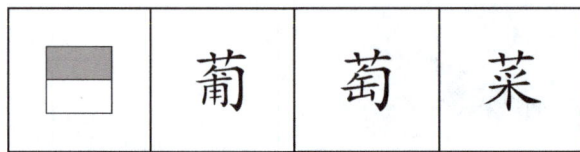

下面几个汉字的部首是"木"，读作"木字旁"：

The following characters have "木" as the radical, which is pronounced mùzìpáng（木字旁）.

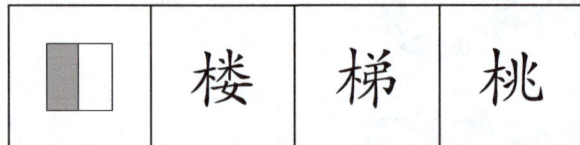

草字头的汉字和草本植物有关系；木字旁的汉字和木本植物有关系。

Characters with the radical "艹" are related to herbs, while characters with the radical "木" are related to wooden plants.

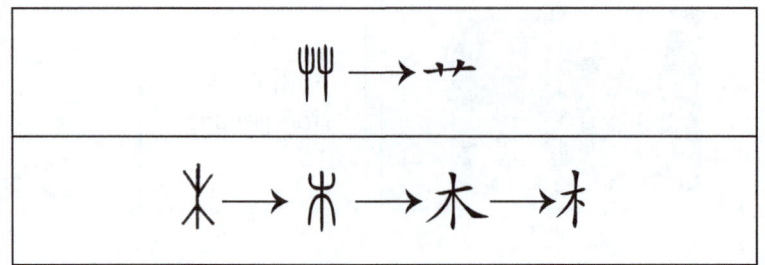

交 际 任 务

了解一种中国菜的做法,填在下面的表里。下次课汇报。
Learn to cook a Chinese dish. Fill in the following form and report to the class next time.

菜名	做法

文 化 阅 读

乔迁之喜

"乔迁"原来的意思是鸟儿离开山谷(valley),飞到高大的树木上去,后来比喻(to liken to)人搬家或者升职(promotion)。这两件都是高兴的事,所以人们常说"乔迁之喜"。

在中国,搬家有很多规矩。比如有些地方,搬家的时间最好在中午以前,搬家那天一定要在新家开伙做饭,等等。

现在人们对搬家的有些规矩已经不太重视了,不过一般都还保留着"请客"这个传统。搬到新家的当天或者之后几天,主人要请亲戚朋友到家里来吃饭,这是为了让家里更热闹一些,人们把这叫作"暖房"。

如果你到亲戚朋友的新家去祝贺"乔迁之喜",应该带点儿礼物去。可以根据他们的喜好来选择礼物,也可以送小的家用电器、日用品或者装饰品(adornment)之类的东西。不过一定要记住,这个礼物不能是钟,因为"送钟"和"送终"(to attend upon a dying parent or other senior member of one's family)同音,会让人觉得很不吉利。

判断正误:

1. "乔迁之喜"是祝贺人搬家或升职时用的词语。　　　（　　）
2. 现在人们搬家时还保留着所有的传统规矩。　　　　（　　）
3. "暖房"的时间应该是搬家的那一天。　　　　　　　（　　）
4. 祝贺"乔迁之喜"时送给中国朋友一个钟会让他很高兴。（　　）

学习后记

词语	语言点

第五单元（第17–20课）语法小结

课号	语法	页码	例句	我的句子
第17课	状态的持续或动作的进行——V+着	70	门开着呢。 她穿着婚纱真漂亮！ 我们正等着你呢。 老师站着讲课，我们坐着听课。	
第18课	"把"字句（1）	86	请把书放在桌子上。 他们已经把车开到楼下了。 我打算把不用的东西送给朋友。 他把美元换成人民币了。	
第19课	存现的表达——存现句	101	桌子上放着一个台灯。 那边走过来一个人。 楼里搬走了一家人。	
第20课	"把"字句（2）	114	我把作业给老师了。 我来把沙拉拌好。 把笔递过来吧。 他把房间收拾得很干净。 麻烦你把这些水果洗一下。 你把水果洗一洗吧。 我把苹果吃了。	
	无标志被动句	117	你们家布置得真不错！ 沙拉拌好了。	

21 我一点儿也看不出来

学习提示

话　题	看京剧
重点词	清楚　话　吵　一……也不/没…… 代表　部分　倒数
重点句	1. 我听不清楚你的话。 2. 现在还买得到票吗？ 3. 演女主角的是个男演员，你看得出来看不出来？ 4. 我一点儿也看不出来。 5. 大部分我都听不懂。
语　法	1. 可能补语 2. 趋向补语"出来"的引申用法
语音练习	综合语音练习及诗歌朗读——《赠汪伦》
词汇积累	影视与戏剧
汉字认知	竖心旁（忄）的汉字；心字底（心）的汉字
文化阅读	中国的传统戏剧

第21课 我一点儿也看不出来

热身活动

想一想 说一说

你都看过哪些演出？你最喜欢什么演出？

What shows have you seen? What kind of shows do you like best?

歌剧 gējù

马戏 mǎxì

芭蕾舞 bāleǐwǔ

话剧 huàjù

课堂学习

课　文　一

听一听 21-1

听前问题：安娜为什么请欧阳兰跟她一起去看京剧？

（安娜给欧阳兰打电话）

安　娜：你好，欧阳！我是安娜。

欧阳兰：等一下，我听不清楚你的话，这儿很吵。……好了，你说吧。

安　娜：星期六晚上七点半国家大剧院有一场京剧表演，我想去看看，但我怕看不懂，你能陪我一起去吗？

欧阳兰：现在还买得到票吗？

安　娜：买得到，我已经问了。

欧阳兰：那太好了！

（星期六，在剧院大厅里）

安　娜：这就是今天演出的海报吧？

欧阳兰：对。演女主角的是个男演员，你看得出来看不出来？

安　娜：真的？我一点儿也看不出来。

欧阳兰:这是个有名的爱情故事。听说很多外国人都喜欢看武打动作多的戏,是吗?

安　娜:是。爱情戏和武打戏我都喜欢,不过有些我可能听不明白。

欧阳兰:没关系,咱们先看看演出介绍。

练一练

1. 读课文　Read the text.

2. 根据课文内容提问并回答　Ask and answer questions based on the text.

   例:外国人喜欢看什么样的戏?

3. 分角色表演　Role play.

4. 两人一组,模仿课文,相约一起去看演出

   Work in pairs. Act as if you are making an appointment to go to a show together following the text.

A	B
喂,我是……	等一下,我……
你可以陪我……吗?	还买得到票吗?
演主角的是……	听说……
……	咱们先……

词　语　一

读一读　写一写

序号	词语	拼音	词性	英文释义	搭配
1	清楚	qīngchu	形容词	clear, distinct, explicit	很清楚　听清楚　看清楚
2	话	huà	名词	word, talk	一句话　说话　说一会儿话
3	吵	chǎo	形容词	noisy	很吵　太吵了
4	表演	biǎoyǎn	名词	perform, show	看表演　一场表演
			动词	to perform, to act	表演杂技　表演魔术

5	演出	yǎnchū	名词	performance, show	看演出　一场演出
			动词	to perform, to act	去北京演出　演出京剧
6	海报	hǎibào	名词	poster	一张海报　贴海报
7	演	yǎn	动词	to perform, to act	演节目
8	主角	zhǔjué	名词	leading role	男主角　女主角　演主角
9	演员	yǎnyuán	名词	actor or actress	男演员　女演员
10	一……也不/没……	yī……yě bù / méi……		not at all	一点儿也不清楚 一点儿也没听明白
11	爱情	àiqíng	名词	love	
12	故事	gùshi	名词	story, tale	爱情故事　讲故事
13	外国	wàiguó	名词	foreign country	外国人
14	武打	wǔdǎ	名词	acrobatic fighting in a Chinese opera or dance	
15	动作	dòngzuò	名词	movement, motion, action	武打动作
16	戏	xì	名词	drama, show	看戏　演戏　武打戏

专有名词

专名	拼音	英文释义	图例
国家大剧院	Guójiā Dàjùyuàn	National Center for the Performing Arts	

重点词一

学一学

清楚　（1）他写的汉字很清楚。
　　　（2）老师讲得很清楚，我都明白了。
　　　（3）你再说一遍，我没听清楚。

话　　（1）大家别说话了，我们开始上课。
　　　（2）刚来的时候，中国人说的话我都不懂。
　　　（3）请每个人用汉语说一句话。

吵　　（1）商店里人很多，很吵。
　　　（2）咱们换个地方，这儿太吵了。
　　　（3）我的宿舍在马路旁边，晚上非常吵。

一……也不/没……
　　　（1）下课以后，教室里一个人也没有了。
　　　（2）A：你看过中文杂志吗？
　　　　　B：一本也没看过。
　　　（3）A：咱们喝点儿酒吧。
　　　　　B：今天我开车了，一点儿酒也不能喝。

> 一＋量词（＋名词）＋也＋不/没……
> 用来加强否定语气。
> It is used to stress a negative tone.

练一练

用所给词语填空　Fill in the blanks with the given words.

清楚　话　吵　一……也……

（1）这里太_____了，咱们到外面去说会儿话。
（2）老师，你可以再说一遍吗？我没听_____。
（3）刚来中国的时候，我_____句汉语_____不会说。
（4）他今天不太高兴，一句_____也没说就走了。

课　文　二

听一听

听前问题：她们去哪儿看京剧了？看得懂吗？

　　我一直很喜欢京剧，不过只在电视上看过，从来没在剧院里看过。前几天我听说国家大剧院有一场演出，就约欧阳兰跟我一起去看。

京剧女演员的服装很美。有几个男演员脸上画了脸谱。欧阳兰说，不同的脸谱代表着人物的不同性格，我觉得很有意思。京剧唱的节奏很慢，说的也和平时不一样，大部分我都听不懂。不过旁边有英文字幕，看了以后，就猜得出来大概的意思了。因为我们买票买得太晚，没买到前排的票，只能坐在倒数第二排，看不清楚。下次再去看演出，一定要早点儿买票。

练一练

1. 读课文　Read the text.

2. 根据课文内容提问并回答　Ask and answer questions based on the text.

   例：为什么下次要早点儿买票？

3. 根据课文内容填表，然后复述课文　Fill in the form based on the text and then retell the text.

看京剧的地方	
服装	
脸谱	
唱的	
说的	
座位	

4. 用下列提示词，介绍自己看过的一次演出
   Use the following words to talk about a show you saw.

   演出　票　排　男演员　女演员　人物　性格　有意思

词　语　二

读一读　写一写

序号	词语	拼音	词性	英文释义	搭配
1	剧院	jùyuàn	名词	theater, playhouse	大剧院
2	脸	liǎn	名词	face	脸上　一张脸
3	画	huà	动词	to draw, to paint	画画儿

4	脸谱	liǎnpǔ	名词	types of facial make-up in Beijing opera	画脸谱　京剧脸谱
5	代表	dàibiǎo	动词	to represent, to stand for	代表我们班表演节目 代表一个人的性格
6	人物	rénwù	名词	character, person in literature	重要人物
7	性格	xìnggé	名词	character, nature	人物的性格
8	节奏	jiézòu	名词	rhythm	音乐节奏　生活节奏很快
9	部分	bùfen	名词	part, section	一部分　一小部分　大部分
10	英文	Yīngwén	名词	English	英文报纸　英文杂志　懂英文
11	字幕	zìmù	名词	captions or subtitles (of movies, TV programs, etc.)	英文字幕　中文字幕
12	猜	cāi	动词	to guess	猜一猜　猜它的意思 猜出来
13	排	pái	量词	row	第一排　前几排
14	倒数	dàoshǔ	动词	to count from rear to front, or from bottom to top	倒数第二排

重点词二

学一学

代表　（1）我代表公司去上海开会。
　　　　（2）你代表咱们班参加比赛吧。

> 代替个人或集体发表意见或担任工作。
> It means "to represent an individual or a group to make comments or undertake a task".

　　　　（3）不同的脸谱代表着人物的不同性格。
　　　　（4）玫瑰（méigui rose）代表爱情。

> 表示、象征（特定的意义）
> It means "to stand for or symbolize (a particular meaning)".

部分　（1）我们班一部分同学去长城，一部分同学不去。
　　　　（2）京剧我大部分听不懂。
　　　　（3）周末你大部分时间做什么？

倒数　（1）我们没买到前排的票，只能坐在倒数第二排。
　　　　（2）这次考试我考了第一名，不过是倒数第一。
　　　　（3）请大家看课文的倒数第二行（háng line）。

练一练

用所给词语填空　Fill in the blanks with the given words.

（1）杰克，你能_____咱们学校参加汉语比赛吗？
（2）老师，请再说一遍，我只听懂了一_____。
（3）我去晚了，买的是_____第五排的票。

语　法　一

学一学

可能补语　Complement of Possibility

A：你看得清楚黑板上的字吗？
B：看得清楚。

> 可能补语表示主、客观条件是否允许某种结果、趋向或某种情况发生。动词带宾语时，宾语常放在补语之后。肯定式主要用来回答提问。
> A complement of possibility is used to indicate whether a result, tendency or situation will come out under a subjective / objective condition. The receiver of an action denoted by a verb is usually attached to the complement of possibility. The affirmative firm is usually used to respond to a question.

（1）老师讲得很清楚，我听得懂。
（2）今天咱们点的菜不多，吃得完。
（3）A：你听得出来我是谁吗？
　　　B：你是杰克吧？

可能补语的肯定式为：
V＋得＋结果补语/趋向补语
The affirmative form:
V＋得＋Complement of Result / Direction

条件	主语（S）	谓语（P）			
		V	得	结果补语/趋向补语	宾语（O）
老师讲得很清楚，	我	听	得	懂。	

（4）每课的生词太多了，我记不住。
（5）这里很吵，我听不清楚你的话。
（6）我听不出来你是谁。

> 可能补语的否定式为：
> V + 不 + 结果补语 / 趋向补语
> The negative form:
> V + 不 + Complement of Result / Direction
> ➢ 可能补语的否定式比肯定式常用。
> The negative form is more frequently used than the affirmative one.

条件	主语（S）	谓语（P）			宾语（O）
		V	不	结果补语/趋向补语	
这里很吵，	我	听	不	清楚	你的话。

（7）A：这么多生词你记得住记不住？
　　　B：没问题，记得住。

练一练

1. 两人一组，做替换练习　Work in pairs to do the substitution drills.

（1）A：你听得懂京剧吗？
　　　B：听得懂。

看看	懂	这个故事
看	清楚	老师写的字
听	见	我说的话
吃	完	这些饺子

（2）车上人太多，我上不去。

电梯坏了	出	来
早上五点太早了	起	来
我忘带钥匙了	进	去
山太高了	爬	上去

2. 完成句子　Complete the following sentences.

（1）_____，做不完。
（2）图书馆里没有这本书，_____。
（3）_____，出不去。
（4）王老师没买到回北京的火车票，_____。

3. 两人一组，根据图片内容用可能补语说句子

Work in pairs. Make sentences using complements of possibility based on the following pictures.

例：A：你听得懂听不懂京剧？
　　B：我听得懂。/ 我听不懂。

（1）_____　　（2）_____　　（3）_____

语　法　二

📖 学一学

趋向补语"出来"的引申用法　The Extended Meaning of the Complement of Direction "出来"

> 这个演员是男的还是女的，你看得出来吗？

> ➤ "出来"用在某些动词后面，表示"辨别"，常跟"认""看""听""吃""喝"等动词连用。
> "出来" is used after a verb to indicate identification of somebody or something. It is usually used with verbs such as "认", "看", "听", "吃" and "喝", etc.

（1）A：演女主角的是个男演员，你看得出来看不出来？

　　　B：我一点儿也看不出来。

（2）这是什么酒啊？我还真喝不出来。

（3）A：安娜，你看得出来这张照片上的人是谁吗？

　　　B：看不出来。是你吗？

（4）这是谁的歌？我听不出来。

练一练

用"出来"的引申用法完成会话

Complete the following dialogues with the extended usage of "出来".

（1）A：喂！杰克，听得出来我是谁吗？

　　　B：你是谁呀？_____。

（2）A：_____？

　　　B：我觉得是周杰伦（Zhōu Jiélún）的歌。

（3）A：你喝得出来这是什么茶吗？

　　　B：_____。不过我觉得挺好喝的。

（4）A：这不是金大成吗？

　　　B：是啊，几年不见，_____。

实践活动

语音练习　21-5

一、双音节练习　Practice the disyllabic words.

沙拉	英文	山水	京剧	清楚
服装	人员	门口	节奏	明白
演出	主角	脸谱	海报	女的
电梯	爱情	代表	动作	故事

二、多音节练习　Practice the polysyllabic words.

【可能补语】　看得懂　　　　吃得完　　　　买得到
　　　　　　　看不懂　　　　吃不完　　　　买不到
　　　　　　　看得懂看不懂　吃得完吃不完　买得到买不到

【V得/不出来】看得出来　　　听得出来　　　猜得出来
　　　　　　　看不出来　　　听不出来　　　猜不出来
　　　　　　　看得出来看不出来　听得出来听不出来　猜得出来猜不出来

三、朗读诗歌　　Read the poem.

Zèng Wāng Lún
[Táng] Lǐ Bái
Lǐ Bái chéng zhōu jiāngyù xíng,
Hū wén àn shang tàgē shēng.
Táohuā tánshuǐ shēn qiān chǐ,
Bù jí Wāng Lún sòng wǒ qíng.

赠汪伦
[唐] 李白
李白乘舟将欲行,
忽闻岸上踏歌声。
桃花潭水深千尺,
不及汪伦送我情。

词汇积累

电影	爱情片	
	动作片	
	纪录片 jìlùpiàn	

其他演出	地方戏 dìfāngxì	
	歌剧	
	话剧	
工作人员	导演 dǎoyǎn	
	演员	
演出地点	电影院、剧院	
	舞台 wǔtái	

汉字认知

竖心旁（忄）的汉字；心字底（心）的汉字
Characters with the Radical "忄" and Characters with the Radical "心"

下面几个汉字的部首是"忄"，读作"竖心旁"：
The following characters have "忄" as the radical, which is pronounced shùxīnpáng（竖心旁）.

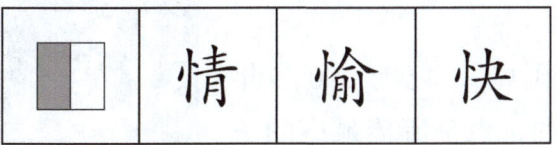

下面几个汉字的部首是"心"，读作"心字底"：
The following characters have "心" as the radical, which is pronounced xīnzìdǐ（心字底）.

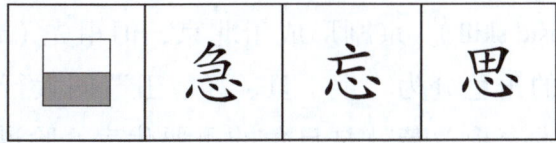

竖心旁和心字底的汉字都和心情、感觉有关系。
Characters with the radical "忄" and "心" are related to one's mood and feeling.

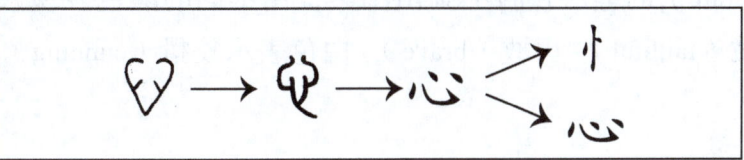

交际任务

查询最近有哪些演出，了解演出的时间、地点、票价等信息。至少查询三场以上，填在下面的表里。下次课汇报。
Please find out the time, place and ticket price of at least 3 shows which will be on recently. Fill in the following form and report your findings to the class next time.

演出名称	时间	地点	票价

137

文化阅读

中国的传统戏剧（drama）

中国有很多传统戏剧。两千多年前的春秋时代就出现了最早的戏剧演员，13世纪的元代是古代戏剧发展的最高峰（peak）。发展到今天，不同的省（province）、不同的地区都有不同的剧种，如京剧、昆曲、越剧等。

京剧是中国的"国剧"，已有200多年历史。它是中国最大的，也是流传最广的一个剧种。它与世界各国的戏剧都不一样，既不是歌剧，也不是舞剧，更不是话剧。它有唱有跳，有说还有武打，所以"唱、念、做、打"是京剧演员的四项基本功

（basic skill）。京剧形成于北京，但祖先（ancestor）是地方戏曲。它的角色分为"生、旦、净、丑"四大行当。著名的京剧表演艺术家梅兰芳就是旦角的重要代表。脸谱是演员面部化妆（to make up）的一种方法，一般用于"净、丑"两个行当，常用夸张（to exaggerate）的笔法在脸上画出图案，用不同的颜色表现人物的性格特征，如红色表示忠诚（faithful）、勇敢（brave），白色表示狡猾（cunning）等。

判断正误：

1. 中国最大的剧种是京剧。　　　　　　　　　　（　　）
2. 京剧中有唱有跳，所以是一种歌剧。　　　　　（　　）
3. 京剧是由地方戏曲发展变化而来的。　　　　　（　　）
4. "生、旦"两个行当一般没有脸谱。　　　　　　（　　）

学习后记

词语	语言点

22 我想一放假就回国

学习提示

话 题	旅行计划
重点词	放假 计划 一……就…… 决定 连……都/也…… 再说 俗话 实现
重点句	1. 我想一放假就回国。 2. 我也想利用假期去哪儿玩儿玩儿。 3. 你没听说过吗？ 4. 我已经决定回国了，连飞机票都买好了。 5. 我一直想什么时候去看看。
语 法	1. 反问句（2）——用"没（有）……吗"表示反问、用疑问代词表示反问 2. 疑问代词表示虚指
语音练习	综合语音练习及诗歌朗读——《静夜思》
词汇积累	名山大川
汉字认知	国字框（囗）的汉字
文化阅读	中国的行政区划

热身活动

💬 想一想 说一说

你去过中国的哪些地方？你能在地图上找到这些地方吗？

Which parts of China have you been to? Can you locate them on the map?

中国地图　Zhōngguó dìtú

课堂学习

课　文　一

🎧 听一听　

听前问题：杰克和安娜假期打算做什么？

（杰克和安娜在教室聊天儿）

杰　克：我们快放假了，这个假期你有什么计划？

安　娜：我想一放假就回国。

杰　克：你不想去旅行吗？

安　娜：怎么不想？我也想利用假期去哪儿玩儿玩儿，可是离开家半年了，我很想家，我爸爸妈妈也很想我。你打算去哪儿旅行？

杰　克：中国南方。

安　娜：都去哪些地方？

杰　克：我打算先去上海，再去苏杭，然后去黄山，最后去桂林。

安　娜：苏杭是什么地方？

杰　克：就是苏州和杭州。你没听说过吗？"上有天堂，下有苏杭"。

安　娜：是吗？这些地方一定很美吧？

杰　克：当然，苏州的园林、杭州的西湖、黄山的云和松、桂林的山水都非常有名。这条路线真的很不错，我们一起去吧。

安　娜：我已经决定回国了，连飞机票都买好了。以后再说吧。

练一练

1. 读课文　Read the text.

2. 根据课文内容提问并回答　Ask and answer questions based on the text.

　　例：杰克的旅游路线是什么？

3. 分角色表演　Role play.

4. 两人一组，模仿课文，谈假期计划

　　Work in pairs. Talk about your vacation plan following the text.

A	B
放假	决定
计划	一……就……
不……吗？	连……都……
没听说过……吗？	再说

词　语　一

读一读　写一写　

序号	词语	拼音	词性	英文释义	搭配
1	放假	fàng//jià	动词	to have a holiday/vacation	放暑假　放一天假

2	计划	jìhuà	名词	plan	有什么计划　学习计划　假期计划
			动词	to plan	计划回国　计划去留学
3	一……就……	yī……jiù……		no sooner…than…	一学就会　一放假就回国
4	离开	lí//kāi	动词	to leave	离开家　离开父母
5	天堂	tiāntáng	名词	heaven	人间天堂
6	园林	yuánlín	名词	garden	苏州园林
7	云	yún	名词	cloud	
8	松	sōng	名词	pine (tree)	
9	山水	shānshuǐ	名词	landscape	桂林山水　山水画
10	路线	lùxiàn	名词	route	旅行路线　这条路线
11	决定	juédìng	动词	to decide	决定回国了　决定去旅行了　已经决定了　还没决定
12	连……都/也……	lián……dōu/yě……		even	连他都不知道　连长城也没去过
13	再说	zàishuō	动词	to talk about something later	以后再说　明天再说

专有名词

专名	拼音	英文释义	图例
苏州	Sūzhōu	name of a city in Jiangsu Province	
杭州	Hángzhōu	name of a city in Zhejiang Province	
黄山	Huáng Shān	name of a mountain in Anhui Province	

桂林	Guìlín	name of a city in Guangxi Zhuang Autonomous Region	
西湖	Xī Hú	name of a lake in Hangzhou	

重点词

学一学

放假 （1）A：你们放假了吗？
　　　　　B：还没呢，我们下周放假。
　　　　　A：放多长时间假？
　　　　　B：一个多月。
　　　（2）我打算放假以后去旅行。
　　　（3）快放假了，你打算做什么？

计划 （1）A：这个假期你有什么计划？
　　　　　B：没有别的计划，我只想在家休息。
　　　（2）今年我没有出国的计划。
　　　（3）A：快放假了，你计划做什么？
　　　　　B：我计划回国。
　　　（4）今年我计划去中国的苏州、杭州旅行。

【N】
有……计划
没有……计划

【V】
计划+V（+O）

一……就……
　　　（1）我一到北京就给你打电话。
　　　（2）杰克还没来，他一来我们就出发。

> 表示后一个动作紧接着前一个动作发生。主语可以相同，也可以不同。
> It indicates two actions happening immediately one after the other. The two actions may share the same subject or have different subjects.

　　　（3）中国人一听就知道你是外国人。
　　　（4）我一感冒就发烧。

> 表示前一个动作或行为引起后一个动作或行为的发生。
> It indicates the first action induces the occurrence of the second one.

决定 （1）A：听说你打算一个人去旅行，你决定了吗？
　　　　　B：我已经决定了。
　　　（2）我已经决定回国了。
　　　（3）这个假期我打算去旅行，可还没有决定去哪儿。

连……都/也……

（1）你汉语说得这么好，连中国人都听不出来你是外国人。

（2）连小孩子都认识这个汉字。

> 强调主语时，"连+主语"放在主语位置。
> "连 + subject" is used in the position of the subject to emphasize the subject.

（3）我已经决定回国了，连飞机票都买好了。

（4）他来北京快一年了，连长城也没有去过。

> 强调宾语时，"连+宾语"放在谓语动词前面。
> "连 + object" is placed before the verbal predicate to emphasize the object.

> "连……都/也……"用一个极端的例子来强调说明某件事。介词"连"引出的是要强调的部分，后面用"都"或"也"与之呼应。意思是强调的情况都如此，其他的就更不用说了。The structure "连……都/也……" is employed to emphasize something using an extreme case. The preposition "连" introduces the element to be emphasized with "都" or "也" following it, showing that even what is emphasized is so, let alone other cases.

再说

（1）A：今天晚上我们去看电影吧。

　　B：今天的作业太多了。明天再说吧。

（2）A：这个周末我们去逛街吧。

　　B：我们下周有考试。考完试再说吧。

（3）我现在没有结婚的打算，我想两年以后再说吧。

> 表示把事情留到以后再办或再考虑。
> It indicates things are put off until some other time.

练一练

用所给词语填空　Fill in the blanks with the given words.

> 放假　计划　一……就……　决定　连……都/也……　再说

（1）这个人非常有名，_____外国人_____知道他。

（2）这几天我没空儿，过几天_____吧。

（3）昨天我_____下课_____去食堂吃饭了。

（4）A：_____以后你打算去哪儿？

　　B：我打算先去中国的南方，然后再去北方。我们一起去吧。

　　A：你的_____真不错，可我已经_____回国了。

（5）他这个人总是_____喝酒_____脸红。

（6）刚来中国的时候我_____一句汉语_____不会说。

课 文 二

🎧 听一听 22-3

> 听前问题:"我"都想去哪些地方?

中国风景美丽的地方太多了。中国有句俗话叫"桂林山水甲天下",意思是桂林山水天下第一。还有像天堂一样美的苏州和杭州;九寨沟的风景更是迷人。中国还有很多好吃的地方菜,比如川菜、鲁菜、粤菜等等。中国还有很多少数民族,他们的风俗很有意思。来北京以后,我一直想什么时候去看看。可是平时学习很忙,没有时间。现在寒假快到了,我可以实现我的愿望了。我还没决定怎么去。跟旅行社去不自由;自己去又太麻烦,要自己买机票、订宾馆……你们说我该怎么办?

📋 练一练

1. 读课文　Read the text.

2. 根据课文内容提问并回答　Ask and answer questions based on the text.

   > 例:"我"想怎么去旅行?为什么?

3. 根据课文内容填表,然后复述课文　Fill in the form based on the text and then retell the text.

		怎么样
风景	桂林	
	苏州、杭州	
	九寨沟	
地方菜		
少数民族		
旅行	跟旅行社去	
	自己去	

4. 用下列提示词,谈自己的旅行计划
   Use the following words to talk about your travel plan.

   > 俗话　愿望　实现　风景　风俗　决定

145

词 语 二

读一读 写一写 🔘 22-4

序号	词语	拼音	词性	英文释义	搭配
1	美丽	měilì	形容词	beautiful	美丽的风景
2	句	jù	量词	a measure word used for sentences	一句话　说几句话
3	俗话	súhuà	名词	proverb	一句俗话　俗话说
4	甲	jiǎ		to rank first	
5	天下	tiānxià	名词	land under heaven, China or the world	甲天下　天下第一
6	迷人	mírén	形容词	fascinating	很迷人　非常迷人
7	川菜	chuāncài	名词	Sichuan cuisine	
8	鲁菜	lǔcài	名词	Shandong cuisine	
9	粤菜	yuècài	名词	Guangdong cuisine	
10	少数民族	shǎoshù mínzú		minority ethnic group	中国的少数民族
11	风俗	fēngsú	名词	social custom	少数民族的风俗　风俗习惯
12	寒假	hánjià	名词	winter vacation	放寒假　寒假计划
13	实现	shíxiàn	动词	to come true, to realize	实现了　没实现
14	愿望	yuànwàng	名词	wish	实现愿望　实现我的愿望
15	旅行社	lǚxíngshè	名词	travel agency	一家旅行社
16	自由	zìyóu	形容词	free	很自由　不自由
17	宾馆	bīnguǎn	名词	hotel	订宾馆　住宾馆

专 有 名 词

专名	拼音	英文释义	图例
九寨沟	Jiǔzhàigōu	name of a place in Sichuan Province	

重点词二

学一学

俗话　（1）中国有句俗话,"上有天堂,下有苏杭"。
　　　（2）俗话说:"桂林山水甲天下。"
　　　（3）你知道中国的哪些俗话?

实现　（1）我的愿望实现了。
　　　（2）我实现了我的愿望。
　　　（3）你还记得自己小时候有哪些愿望吗? 都实现了吗?

练一练

用所给词语填空　Fill in the blanks with the given words.

（1）这个愿望不知道什么时候才能_____。
（2）我怎么没听说过这句_____啊?
（3）_____说:"上有天堂,下有苏杭。"
（4）我一直想去法国,现在我马上要去法国留学了,我_____了我的愿望。

语　法　一

学一学

反问句（2）　Rhetorical Question（2）

1. 用"没(有)……吗"表示反问　Rhetorical Question Using "没(有)……吗"

（1）你没有听说过这句话吗?（你应该听说过这句话。）
（2）你来北京快半年了,没去过长城吗?（你应该去过长城。）

> 用"没(有)……吗"表示反问,来强调肯定。
> A rhetorical question using "没(有)……吗" is used to emphasize affirmation.

2. 用疑问代词表示反问　Rhetorical Question Using An Interrogative Pronoun

（1）A：这件衣服真漂亮，我想买一件。
　　　B：你刚买了好几件，还买什么啊？

（2）A：你什么时候结婚？
　　　B：结什么婚？我还没有男朋友呢。

> V + 什么（+ O）
>
> 注意　Note：
> ➢ 在离合词中，"什么"位于动宾结构中间。
> "什么" is used between a verb and an object in a detachable word.
>
> Adj + 什么

（3）A：这款手机很贵吧？
　　　B：贵什么？还不到1000块钱呢。

（4）A：你没去过上海吧？
　　　B：谁说我没去过？我去过好几次了。

（5）A：你工作这么忙，能参加我的婚礼吗？
　　　B：你是我最好的朋友，我怎么能不参加你的婚礼呢？

（6）A：听说你学过日语？
　　　B：我哪儿学过日语啊？

> 注意　Note：
> ➢ 否定形式的反问句强调肯定，肯定形式的反问句强调否定。
> The negative form of a rhetorical question expresses affirmation, while its affirmative form emphasizes negation.

练一练

1. 说明下列反问句的意思　Explain the meaning of the following rhetorical questions.

　　（1）这个地方很有名，你没听说过吗？＿＿＿＿＿＿＿＿＿＿＿＿＿
　　（2）你来北京快半年了，没吃过北京烤鸭吗？＿＿＿＿＿＿＿＿＿＿＿＿＿
　　（3）你刚买了好几件衣服，还买什么衣服啊？＿＿＿＿＿＿＿＿＿＿＿＿＿
　　（4）谁说我不努力？＿＿＿＿＿＿＿＿＿＿＿＿＿
　　（5）大家都知道这件事，我怎么不知道？＿＿＿＿＿＿＿＿＿＿＿＿＿
　　（6）我哪儿知道他有没有女朋友啊？＿＿＿＿＿＿＿＿＿＿＿＿＿

2. 用括号里的词语组成反问句并完成会话

Make rhetorical questions using the words in the parentheses to complete the following dialogues.

　　（1）A：我要减肥。
　　　　　B：你一点儿也不胖，＿＿＿＿＿＿＿＿＿＿＿＿＿＿＿＿＿＿＿＿？（什么）
　　（2）A：你知道安娜去哪儿了吗？
　　　　　B：她一下课就走了，＿＿＿＿＿＿＿＿＿＿＿＿＿＿＿＿＿＿＿＿？（谁）

（3）A：听说你以前当过导游？

　　　B：_____？我一直在学校学习。（哪儿）

（4）A：你认识这位老师吗？

　　　B：他没教过我们，_____？（怎么）

（5）A：长城离这儿远吗？漂亮吗？

　　　B：你来北京这么长时间了，_____？（没……吗）

语 法 二

📖 学一学

疑问代词表示虚指　Interrogative Pronoun Indicating Indefinite Reference

（1）我渴了，想喝点儿**什么**。

（2）我也想去**哪儿**玩儿玩儿。

（3）我打算**什么**时候去看看他。

（4）**哪**天有空儿来我家吧。

（5）这件事好像**谁**说过。

> ▶ 疑问代词除了表示疑问、反问以外，还可以表示虚指，即表示不确定、说不出或者不需说出的人或事物。
> In addition to indicating interrogation or asking back, an interrogative pronoun is also used to indicate somebody or something that is indefinite, hard or unnecessary to be explicit.

练一练

用括号中的词语完成会话或句子

Complete the following dialogues or sentences using the words in the parentheses.

（1）A：这个周末我打算跟朋友去逛王府井（Wángfǔjǐng），你呢？

　　　B：_____。（哪儿）

（2）A：_____。（什么时候）

　　　B：好的，我们一定去。

（3）我饿了，_____。（什么）

（4）我已经知道这件事了，_____。（谁）

（5）A：_____。（哪儿）

　　　B：好啊，我们下课以后好好儿商量商量。

实践活动

语音练习 🎵 22-5

一、双音节练习　Practice the disyllabic words.

苏州	风俗	山水	川菜	多少
离开	民族	结果	俗话	什么
好吃	旅行	很美	美丽	怎么
再说	自由	自己	放假	这么

二、多音节练习　Practice the polysyllabic words.

【反问句】　好什么？　　　贵什么？　　　　结什么婚？　　　减什么肥？
　　　　　我怎么知道？　我怎么会认识他？　我怎么不想去？　他怎么不知道这件事？
　　　　　我哪儿知道？　我哪儿认识？　　　他哪儿去过上海？他哪儿学过韩语？
　　　　　没去过吗？　　没吃过吗？　　　　没见过他吗？　　没听说过这句话吗？

【疑问代词表示虚指】　吃点儿什么　喝点儿什么　聊点儿什么　忙点儿什么
　　　　　　　　　　听谁说过　　见谁穿过　　去哪儿玩儿玩儿　去哪儿看看

三、朗读诗歌　Read the poem.

Jìng Yè Sī

[Táng] Lǐ Bái

Chuáng qián míng yuè guāng,

Yí shì dì shang shuāng.

Jǔ tóu wàng míng yuè,

Dī tóu sī gùxiāng.

静夜思

[唐] 李白

床前明月光，

疑是地上霜。

举头望明月，

低头思故乡。

第22课　我想一放假就回国

词　汇　积　累

名山大川	名称	所在地	图例
江、河 jiāng hé	长江	中国	
	黄河		
湖 hú	青海湖 Qīnghǎi Hú	中国青海	
	洞庭湖 Dòngtíng Hú	中国湖南、湖北	
海 hǎi	南海	中国	
洋 yáng	太平洋	亚洲、大洋洲、美洲、南极洲	
山、峰 fēng	泰山 Tài Shān	中国山东	
	珠穆朗玛峰 Zhūmùlǎngmǎ Fēng	中国、尼泊尔 Níbó'ěr	

151

汉字认知

国字框（囗）的汉字　Characters with the Radical "囗"

下面几个汉字的部首是"囗"，读作"国字框"：
The following characters have "囗" as the radical, which is pronounced guózìkuàng（国字框）.

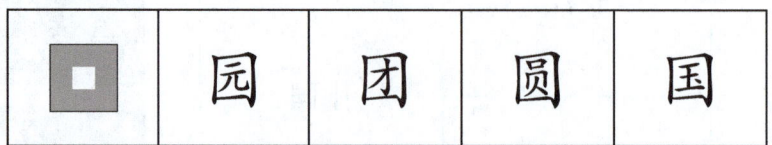

国字框的汉字最早的意思和围起来的一个空间有关系。
Characters with the radical "囗" were originally related to an enclosed space in meaning.

注意："吃、喝"的部首是口字旁，不是国字框。
Note: The radical of the characters "吃" and "喝" is the radical "口"（口字旁 kǒuzìpáng）instead of the radical "囗"（国字框 guózìkuàng）.

交际任务

采访一下本班学生，请他们说出自己的旅行计划（包括目的地、选择的原因、旅行方式等）。要求采访五位以上，填在下面的表里。下次课汇报。
Interview five or more of your classmates about their travel plans (including the destinations, reasons for the choices and ways of travelling, etc.). Fill in the following form and report your findings to the class next time.

旅行目的地	选择目的地的原因	旅行方式

文化阅读

中国的行政区划（administrative division）

你喜欢吃川菜、鲁菜、粤菜吗？你知道"川""鲁""粤"是哪儿吗？它们分别是中国四川省、山东省和广东省的简称（abbreviated form）。中国有多少个省呢？你想不想知道它们的简称是什么？下面我来告诉你。

目前中国的行政区划，从大到小以省（有的叫自治区、直辖市）、市（自治州、区）、县（自治县、街道）等单位来划分。下面就是中国的省级行政区划和简称表：

名称	简称	省会或首府（Provincial Capital）	名称	简称	省会或首府（Provincial Capital）
北京市	京	——	湖南省	湘	长沙市
天津市	津	——	广东省	粤	广州市
河北省	冀	石家庄市	广西壮族自治区	桂	南宁市
山西省	晋	太原市	海南省	琼	海口市
内蒙古自治区	蒙	呼和浩特市	重庆市	渝	——
辽宁省	辽	沈阳市	四川省	川/蜀	成都市
吉林省	吉	长春市	贵州省	黔/贵	贵阳市
黑龙江省	黑	哈尔滨市	云南省	滇/云	昆明市
上海市	沪	——	西藏自治区	藏	拉萨市
江苏省	苏	南京市	陕西省	陕/秦	西安市
浙江省	浙	杭州市	甘肃省	甘/陇	兰州市
安徽省	皖	合肥市	青海省	青	西宁市
福建省	闽	福州市	宁夏回族自治区	宁	银川市
江西省	赣	南昌市	新疆维吾尔自治区	新	乌鲁木齐市
山东省	鲁	济南市	台湾省	台	台北市
河南省	豫	郑州市	香港特别行政区	港	——
湖北省	鄂	武汉市	澳门特别行政区	澳	——

选择正确答案:

1. 中国一共有多少个省级行政区划? （　　）
   A. 23 个　　　　　　　B. 30 个　　　　　　　C. 34 个
2. 鲁菜指的是哪个省的菜? （　　）
   A. 四川　　　　　　　B. 山东　　　　　　　C. 广东
3. 南京是哪个省的省会? （　　）
   A. 江苏　　　　　　　B. 浙江　　　　　　　C. 湖南
4. "京沪线"是连接哪两个城市的铁路? （　　）
   A. 北京和天津　　　　B. 北京和上海　　　　C. 北京和香港

学习后记

词语

语言点

23 他被撞倒了

学习提示

话　　题	看比赛、谈成长经历
重 点 词	罚　可惜　赢 从小　成为　可……了　后来　摔
重 点 句	1. 红队被罚了两张黄牌。 2. 他应该没被撞伤。 3. 他让裁判罚下去了。 4. 我从小就喜欢踢足球，梦想是成为一个足球明星。 5. 我踢球的历史可长了！
语　　法	"被"字句
语音练习	综合语音练习及诗歌朗读——《登鹳雀楼》
词汇积累	体育项目及相关人员
汉字认知	肉月旁（月）的汉字
文化阅读	中国的体育运动

初级汉语综合教程（上）2

热身活动

💬 想一想 说一说

你喜欢什么体育运动？你喜欢看什么体育比赛？
What sports do you like to play? What games do you like to watch?

足球 zúqiú

篮球 lánqiú

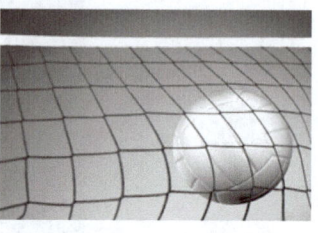
排球 páiqiú

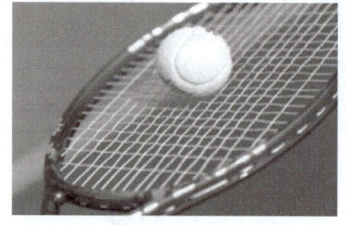
网球 wǎngqiú

羽毛球 yǔmáoqiú

乒乓球 pīngpāngqiú

课堂学习

课 文 一

🎧 听一听 23-1

听前问题：他们在看什么比赛？哪两个队在比赛？

（红队和蓝队进行足球比赛，金大成在蓝队，爱子和杰克来看比赛）

爱　子：杰克，你怎么才来？比赛都快结束了。

杰　克：我刚上完武术课。进球了吗？几比几？

爱　子：零比零，红队被罚了两张黄牌。

杰　克：大成踢得怎么样？

爱　子：他是蓝队的前锋，踢得非常好。

156

杰 克：呀，大成被撞倒了！

爱 子：看，他爬起来了！应该没被撞伤。又是七号！蓝队的好几个人都是被他踢倒的。

杰 克：好！红牌！他让裁判罚下去了。

爱 子：大成要射门！唉……可惜。

杰 克：别着急，还有时间。大成又要射门啦！加油！进啦！

爱 子：好球！

杰 克：比赛马上就要结束了，我们一定能赢！

📄 **练一练**

1. 读课文　Read the text.

2. 根据课文内容提问并回答　Ask and answer questions based on the text.

   例：杰克为什么来晚了？

3. 分角色表演　Role play.

4. 两人一组，用下列提示词谈一次足球比赛
   Work in pairs. Use the following words to talk about a soccer game.

   进球　比　被　罚　撞　射门　赢

词　语

✏️ 读一读　写一写　 23-2

序号	词语	拼音	词性	英文释义	搭配
1	结束	jiéshù	动词	to end, to finish	比赛结束　学期结束
2	比	bǐ	动词	(of a score) to	几比几　二比一　一比一
3	被	bèi	介词	used in a passive sentence, sometimes with the agent or doer of an action following 被	被打　被妈妈说哭了
4	罚	fá	动词	to punish, to penalize	罚球　罚下去
5	黄牌	huángpái	名词	yellow card	一张黄牌

157

6	蓝	lán	形容词	blue	蓝色
7	队	duì	名词	team	中国队　蓝队　队长
8	前锋	qiánfēng	名词	forward	球队前锋　踢前锋
9	撞	zhuàng	动词	to bump against	撞人　被撞
10	倒	dǎo	动词	to fall down	撞倒　踢倒
11	伤	shāng	动词	to hurt, to injure	撞伤　踢伤
12	红牌	hóngpái	名词	red card	一张红牌
13	让	ràng	介词	used in a passive sentence, sometimes with the agent or doer of an action following 让	让人打了 让妈妈说哭了
14	裁判	cáipàn	名词	referee	比赛裁判　足球裁判
15	射门	shè//mén	动词	to shoot (at the goal) in a football game	
16	唉	ài	叹词	sigh of sadness or regret	唉，钱包丢了
17	可惜	kěxī	形容词	unfortunate	真可惜　太可惜了
18	加油	jiā//yóu	动词	to come on	加油干
19	赢	yíng	动词	to win	赢了　能赢

重点词一

学一学

罚 （1）A：你迟到了，应该罚你。

　　　　B：怎么罚？

　　　　A：罚你喝酒。

　　（2）裁判把他罚下去了。

　　（3）在你们国家，喝酒以后开车要罚多少钱？

> 罚 + O（人）
>
> 罚 + 小句

可惜 （1）真可惜，球没进。

　　　（2）很可惜，这次我们没时间见面，下次吧。

　　　（3）A：我新买的手机丢了。

　　　　　B：太可惜了！

赢　（1）A：这次比赛谁赢了？
　　　　　B：他赢了。
　　　（2）二比一，中国队赢了。
　　　（3）昨天的足球比赛哪个队赢了？

练一练

用所给词语填空　Fill in the blanks with the given words.

（1）要是你再撞人，裁判会把你_____下去的。
（2）这次比赛我们_____了。
（3）这次考试他考了58分，没及格，太_____了。

课文二

听一听　23-3

听前问题："我"一直踢足球吗？

　　我从小就喜欢踢足球，我的梦想是成为一个足球明星。
　　我踢球的历史可长了！三四岁的时候我就开始和爸爸踢球，上小学时一直是我们足球队的队长。后来，足球队的教练看中了我，想让我成为职业足球运动员。可惜，比赛的时候，我的腿摔伤了，非常严重，不能再当职业运动员了。
　　来北京以后，我经常和同学们一起看球、踢球。今年，我们成立了自己的足球队，参加学校的足球比赛。没想到，第一次参加比赛就能进决赛，更没想到我在最后一分钟进了一个球。现在，我成为了学校的足球明星。

练一练

1. 读课文　Read the text.
2. 根据课文内容提问并回答　Ask and answer questions based on the text.

　　例："我"的梦想是什么？

3. 根据课文内容填表，然后复述课文　Fill in the form based on the text and then retell the text.

时间	踢球的经历
从小	
三四岁时	
上小学时	
后来	
来北京以后	
今年	
第一次参加比赛时	
现在	

4. 用下列提示词，说一说自己的梦想

Use the following words to talk about your dreams.

> 从小　梦想　被　成为　可……了　后来　可惜

词 语 二

读一读　写一写  23-4

序号	词语	拼音	词性	英文释义	搭配
1	从小	cóngxiǎo	副词	from one's childhood	从小就喜欢踢足球
2	梦想	mèngxiǎng	名词	dream	我的梦想　梦想成真
3	成为	chéngwéi	动词	to become, to turn into	成为明星　成为运动员
4	可……了	kě……le		so, such (*used for emphasis*)	可漂亮了　可长了
5	小学	xiǎoxué	名词	primary school	上小学
6	队长	duìzhǎng	名词	captain, team leader	足球队队长
7	后来	hòulái	名词	later	
8	教练	jiàoliàn	名词	coach	足球教练
9	看中	kàn//zhòng	动词	to take a fancy to	看中了我
10	腿	tuǐ	名词	leg	两条腿

11	摔	shuāi	动词	to fall	摔倒　摔伤
12	严重	yánzhòng	形容词	serious	很严重　非常严重
13	成立	chénglì	动词	to establish, to set up	成立足球队
14	决赛	juésài	名词	final	进决赛

重点词二

学一学

从小
（1）我从小就喜欢踢足球。
（2）他从小就离开父母，一个人去了外国生活。
（3）我从小就不喜欢吃鱼。

成为
（1）我想成为一个电影明星。
（2）他成为了一个有名的律师。
（3）你想成为运动员吗？

可……了
（1）A：杰克汉语说得怎么样？
　　　B：他说得可好了！
（2）我踢球的历史可长了！
（3）她可喜欢吃烤鸭了！

> 可 + Adj / VP + 了
> ➢ 多用于口语感叹句中，表示强调语气。
> It is usually used as an exclamation in spoken language to express emphasis.

后来
（1）我从小就想成为电影明星，可是后来当了律师。
（2）他是我的小学同学，后来他去了美国。
（3）A：昨天晚上你几点回来的？
　　　B：我看了一场电影，后来又逛了一会儿，十二点才回来。

> ➢ 表示过去的某一时间或某一件事件后的时间。
> It indicates some point of time in the past or some time after a certain event.

摔
（1）A：你的腿怎么了？
　　　B：踢球的时候摔伤了。
（2）请注意，别摔倒了。
（3）A：小朋友，你摔疼了吧？
　　　B：没关系，不疼。

练一练

用所给词语填空　Fill in the blanks with the given words.

> 从小　成为　可……了　后来　摔

（1）那儿的风景＿＿＿＿漂亮＿＿＿＿！
（2）他去年又换过几次工作，＿＿＿＿我就不知道他去哪儿了。
（3）我＿＿＿＿就习惯早睡早起。
（4）爸爸妈妈想让我＿＿＿＿一个老师。
（5）那天下大雨，我没注意，＿＿＿＿倒了，很疼。

语　法　一

学一学

"被"字句　The "被"- Sentence

> 他下去了，是谁让他下去的？

（1）他被裁判罚下去了。
（2）红队被裁判罚了两张黄牌。
（3）我的车被金大成借走了。

> "被"字句一般强调施事，表示被处置，多含不如意的语意。
> The "被"- Sentence often emphasizes the agent of an action, indicating disposal. It is often used to imply unhappiness or dissatisfaction.

（4）我被踢伤了。

> 当不需要强调施事时，"被"后的宾语可以省略。
> The object used after "被" can be omitted if the agent is not emphasized.

（5）金大成被撞倒了，不过没被撞伤。
（6）A：杰克呢？
　　　B：他好像被老师叫走了。

> 当句中有否定副词或能愿动词等时，要放在"被"的前面。
> If a negative adverb or an optative verb is used, it is placed before "被".

（7）金大成叫红队的七号撞倒了。
（8）他让裁判罚下去了。

> 口语中，可以用"叫"和"让"表示被动，此时宾语不能省略。
> In spoken Chinese, "叫" and "让" can also be used to indicate passiveness, and the object is not omitted in this case.

主语（S）	谓语（P）				
	没/好像……	被	宾语（O）	V	其他成分
金大成		被	红队的七号	撞	倒了。

练一练

1. 用"被、叫、让"填空　Fill in the blanks using "被", "叫" or "让".

（1）我_____自行车撞倒了，不过没_____撞伤。

（2）昨天我去踢球，_____踢伤了。

2. 两人一组，做替换练习　Work in pairs to do the substitution drills.

（1）金大成 被 红队的七号 撞倒了。

爱子	她朋友	叫走
没用的杂志	我	装到纸箱子里
生病的同学	我们	送到医院去

（2）A：金大成 被 撞伤 了没有？
　　　B：没被 撞伤。

老奶奶	撞倒
你的自行车	撞坏
你的词典	借走
钱	偷（tōu to steal）走

（3）他 让 裁判 罚下去 了。

我的旅行箱	让	别人	拿错
手机	让	我	丢在出租车上
看完的书	叫	我	卖
优盘	叫	我	落在教室里

3. 根据图片内容用"被、叫、让"说句子

Make sentences using "被", "叫" or "让" based on the pictures.

（1）_____　　（2）_____　　（3）_____

4. 用括号中的词语完成会话

Complete the following dialogues using the words in the parentheses.

（1）A：我的优盘呢？

　　B：_____。（被）

（2）A：把你的自行车借我用一下吧。

　　B：_____。（叫）

（3）A：你以前用过的书呢？

　　B：_____。（让）

实践活动

一、双音节练习　Practice the disyllabic words.

参加	加油	方法	希望	伤了
前锋	成为	从小	结束	赢了
可惜	小学	很好	比赛	好了
撞伤	射门	梦想	教练	进了

二、多音节练习　Practice the polysyllabic words.

【"被"字句】　　被撞倒了。　　　被车撞倒了。　　　叫车撞倒了。　　　让车撞倒了。
　　　　　　　　被撞坏了。　　　被自行车撞坏了。　叫自行车撞坏了。　让自行车撞坏了。
　　　　　　　　被借走了。　　　被朋友借走了。　　叫朋友借走了。　　让朋友借走了。
　　　　　　　　被踢伤了。　　　被十号踢伤了。　　叫十号踢伤了。　　让十号踢伤了。
　　　　　　　　被罚下去了。　　被裁判罚下去了。　叫裁判罚下去了。　让裁判罚下去了。
　　　　　　　　被拿错了。　　　被同学拿错了。　　叫同学拿错了。　　让同学拿错了。

三、朗读诗歌　Read the poem.

Dēng Guànquè Lóu
[Táng] Wáng Zhīhuàn
Bái rì yī shān jìn,
Huáng Hé rù hǎi liú.
Yù qióng qiān lǐ mù,
Gèng shàng yì céng lóu.

登鹳雀楼
[唐]王之涣
白日依山尽,
黄河入海流。
欲穷千里目,
更上一层楼。

词汇积累

体育项目	图例	相关人员	图例
田径 tiánjìng		教练 jiàoliàn	
跳水		运动员/队员	

体操 tǐcāo		替补（队员）tìbǔ	
举重 jǔzhòng		队医	
射击 shèjī		裁判	
滑冰 huá//bīng		记者 jìzhě	

汉字认知

肉月旁（月）的汉字　Characters with the Radical "月"

下面几个汉字的部首是"月"，读作"肉月旁"：

The following characters have "月" as the radical, which is pronounced ròuyuèpáng（肉月旁）.

腿　脑　肚　脸

期

肉月旁的汉字的意思多和身体或时间有关系。

Characters with the radical "月" were related to body parts or time in meaning.

$D \to 肉 \to 肉 \searrow$
$) \to 夕 \to 月 \nearrow$ 月

交 际 任 务

问一问你的朋友们，他们喜欢什么运动，喜欢看什么比赛，喜欢哪些球队或者运动员。至少询问三位以上，填在下面的表里。下次课汇报。

Interview three or more of your friends about their favorite sports, games, teams or players. Fill in the following form. Report your findings to the class next time.

朋友	运动	比赛	球队/运动员

文 化 阅 读

中国的体育运动

中国有很多传统的体育项目，如武术、气功、射箭（archery）、足球（古代叫"蹴鞠 cùjū"）、马球、举重（weight-lifting）、摔跤（tumbling）等。

现代体育在中国开始得比较晚，但发展很快。1932年，中国第一次参加奥运会，运动员只有一个人，是东北大学的学生刘长春。中国的第一个世界纪录（record）是由举重运动员陈镜开在1956年创造的。1959年，在第25届世界乒乓球锦标赛上，男子单打选手容国团为中国夺得了第一个世界冠军。现在，乒乓球、羽毛球、射击、举重、体操（gymnastics）、跳水等都是中国的强项。

2008年，中国成功地举办了第29届奥林匹克运动会。在这届奥运会举行的16天中，来自204个国家和地区的1万多名运动员参加了比赛，刷新了43项世界纪录和132项奥运会纪录。中国体育代表团取得了51枚金牌、100枚奖牌的好成绩，第一次名列奥运会金牌榜首位（the first place）。

选择正确答案：

1. 下面哪一项是中国传统的体育项目？　　　（　　）
   A. 射箭　　　　　　B. 乒乓球　　　　　C. 篮球
2. 中国第一个获得现代体育世界冠军的是：　（　　）
   A. 刘长春　　　　　B. 陈镜开　　　　　C. 容国团
3. 中国是哪一年举办奥运会的？　　　　　　（　　）
   A. 1932 年　　　　 B. 1959 年　　　　 C. 2008 年
4. 第 29 届奥运会上，中国获得的金牌数名列：（　　）
   A. 第 1 名　　　　 B. 第 51 名　　　　C. 不知道

学习后记

词语	语言点

24 想去哪儿就去哪儿

学习提示

话　　题	谈进步
重点词	进步　敢　帮助 认为　感兴趣　另外　影响　尤其　毕业　有关
重点句	1. 我刚来的时候什么也不会说。 2. 我现在想去哪儿就去哪儿。 3. 只要努力学习，就一定能学好汉语。 4. 只有对汉语感兴趣，才能学好它。 5. 我希望将来毕业以后，也像妈妈一样做与汉语有关的工作。
语　　法	1. 疑问代词活用——任指和特指 2. 只要……，就…… 3. 只有……，才……
语音练习	综合语音练习及诗歌朗读——《送杜少府之任蜀州》
词汇积累	学历与学位
汉字认知	形声字
文化阅读	汉语的特点

169

初级汉语综合教程（上）2

> 热身活动

💬 想一想 说一说

你觉得自己汉语进步大吗？学习汉语最难的是什么？

Do you think you have made great progress in Chinese learning? What do you think is the most difficult part in learning Chinese?

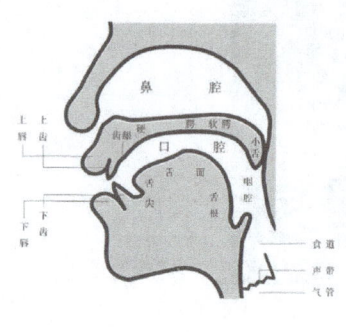  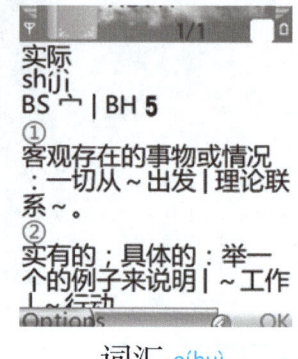

　　　语音 yǔyīn　　　　　　　汉字 Hànzì　　　　　　　词汇 cíhuì

> 课堂学习

🎧 听一听　💿 24-1

> 听前问题：同学们都有什么进步？

（在课堂上，王一中请同学们谈谈自己的进步）

王一中：同学们，我们这个学期的课要结束了，大家觉得自己的汉语有进步吗？

同学们：有进步。

杰　克：我刚来的时候，除了"你好"以外，什么也不会说，老师的问题都不敢回答。现在我可以用汉语打电话、买东西，想干什么就干什么。

爱　子：刚到北京的时候，因为汉语说得不好，我哪儿都不敢去，现在想去哪儿就去哪儿。

170

金大成：我觉得我的听力水平提高了很多。原来很多句子听不懂，很多题不会做，现在差不多都能听懂了。

安　娜：我刚来的时候不会点菜，现在想吃什么就点什么。汉字也越写越好了。

王一中：看来大家的进步都很大。所以只要努力学习，就一定能学好汉语。

杰　克：下课后，咱们一起庆祝一下吧，感谢老师对我们的帮助。

练一练

1. 读课文　Read the text.

2. 根据课文内容提问并回答　Ask and answer questions based on the text.

   例：杰克刚来中国的时候会说汉语吗？

3. 分角色表演　Role play.

4. 两人或三人一组，用下列提示词，谈谈自己学习上有哪些进步
   Work in groups of two or three and use the following words to talk about the progress you've made in Chinese learning.

   听力　口语　阅读　只要……，就……

词　语　一

读一读　写一写　

序号	词语	拼音	词性	英文释义	搭配
1	学期	xuéqī	名词	term, semester	上学期　下学期　这个学期
2	进步	jìnbù	名词	progress	有进步
			动词	to make progress	进步得很快
3	敢	gǎn	动词	to dare	敢说　敢做
4	回答	huídá	动词	to answer	回答问题
5	听力	tīnglì	名词	listening comprehension	听力课　听力考试

6	句子	jùzi	名词	sentence	一个句子　很多句子
7	题	tí	名词	question	一道题　很多题
8	点	diǎn	动词	to order	点菜
9	汉字	Hànzì	名词	Chinese character	一个汉字　写汉字
10	只要……，就……	zhǐyào……，jiù……		if only, as long as	
11	庆祝	qìngzhù	动词	to celebrate	庆祝一下
12	感谢	gǎnxiè	动词	to thank	感谢老师
13	帮助	bāngzhù	动词	to help	帮助同学　帮助朋友
			名词	help	感谢老师对我们的帮助

重 点 词 一

学一学

进步　（1）A：你的汉语有进步吗？　　【N】
　　　　　　 B：有，有很大的进步。
　　　　（2）最近你的进步不大。
　　　　（3）我们大家都在进步。　　【V】
　　　　（4）你觉得我们班谁进步得最快？

敢　　（1）A：你敢跟我比赛吗？　　敢+V（+O）
　　　　　　 B：当然敢。
　　　　（2）刚开始学习汉语的时候我不敢回答老师的问题。
　　　　（3）现在你敢一个人去旅行吗？

帮助　（1）刚来中国的时候，很多人帮助过他。　　【V】
　　　　（2）我要帮助那些人。
　　　　（3）他对我的帮助很大。　　【N】
　　　　（4）感谢老师对我们的帮助。

练一练

用所给词语填空　Fill in the blanks with the given words.

> 进步　敢　帮助

（1）刚开始学习汉语的时候，有问题不_____问老师，也不_____回答老师的问题。

（2）跟刚来的时候比，我的汉语有了很大的_____。

（3）我要_____那些需要_____的人。

听一听　24-3

> 听前问题："我"认为怎么才能学好汉语？

今天是最后一次综合课，王老师请同学们谈了谈自己的进步，每个同学都说了很多。杰克觉得自己的口语进步最大，金大成认为自己的听力水平有很大提高，安娜说她的汉字写得越来越好。我觉得自己听、说、读、写都有进步。

我觉得学习汉语，兴趣最重要。只有对汉语感兴趣，才能学好它。另外，要想学好汉语，还要了解中国文化。我妈妈做日汉翻译工作，受妈妈的影响，我从小就对汉语和中国文化感兴趣，尤其是汉字，我来中国之前，已经练了三年书法了。我希望将来毕业以后，也像妈妈一样做与汉语有关的工作。

练一练

1. 读课文　Read the text.

2. 根据课文内容提问并回答　Ask and answer questions based on the text.

> 例："我"认为学习汉语什么最重要？

3. 根据课文内容填表，然后复述课文
   Fill in the form based on the text and then retell the text.

同学们	进步
杰克	
金大成	
安娜	
"我"（爱子）	

"我"谈汉语学习	
只有……，才……	
另外，……	
受……影响	
希望……	

4. 用下列提示词，介绍怎么才能学好汉语

Use the following words to talk about how to learn Chinese well.

认为　只要……，就……　只有……，才……　另外　受……影响　感兴趣　尤其　有关

词 语 二

读一读 写一写  24-4

序号	词语	拼音	词性	英文释义	搭配
1	谈	tán	动词	to talk about	谈爱好　谈进步
2	口语	kǒuyǔ	名词	spoken language	口语课　口语考试
3	认为	rènwéi	动词	to think	我认为　他认为
4	感兴趣	gǎn xìngqù		to be interested in	对汉语感兴趣　不感兴趣
5	只有……，才……	zhǐyǒu……，cái……		only if, provided that	
6	另外	lìngwài	连词	in addition, besides	
7	翻译	fānyì	动词	to interpret, to translate	翻译课文　日汉翻译　翻译成汉语
			名词	interpreter	当翻译
8	受	shòu	动词	to receive	
9	影响	yǐngxiǎng	动词	to influence	影响学生　影响别人
			名词	influence	影响很大　受妈妈的影响
10	尤其	yóuqí	副词	especially	尤其是
11	之前	zhīqián	名词	before	开学之前　来中国之前
12	将来	jiānglái	名词	future	将来的工作

13	毕业	bì//yè	动词	to graduate	大学毕业　毕业以后
14	与	yǔ	介词	with	
15	有关	yǒuguān	动词	to have something to do with, to be related to	与汉语有关　与中国有关

重点词二

学一学

认为　（1）A：你认为汉语难吗？

　　　　　　B：我认为汉语一点儿也不难。

　　　　（2）我认为这个计划很不错。

　　　　（3）你们认为学习汉语最好的方法是什么？

感兴趣（1）A：你对中国京剧感兴趣吗？

　　　　　　B：不感兴趣。

　　　　（2）我对中国文化很感兴趣。

　　　　（3）你对书法感兴趣吗？

> 对……感兴趣
> 对……不感兴趣

另外　（1）A：你认为怎么才能学好汉语？

　　　　　　B：要喜欢汉语，另外还要对中国文化感兴趣。

　　　　（2）我买了个手机，另外还买了个优盘。

　　　　（3）我打算去上海，另外还想去苏州和杭州。

影响　（1）不要影响同学们，他们都在学习。

　　　　（2）不要影响别人休息。

> 【V】
> 影响+O（人）
> 影响+O（人）+V（+O）

　　　　（3）受老师的影响，我也开始喜欢中国书法了。

　　　　（4）我学习汉语是受妈妈的影响。

> 【N】
> 受……（的）影响

尤其　（1）我觉得中国菜很好吃，尤其是北京烤鸭。

　　　　（2）我喜欢运动，尤其是踢足球。

　　　　（3）我从小就对汉语感兴趣，尤其是汉字。

毕业 （1）A：你大学毕业了吗？
B：还没有，我明年大学毕业。
（2）大学毕业以后我打算读研究生。
（3）我是去年中学毕业的。你呢？

有关 （1）我想做与汉语有关的工作。
（2）这件事与我无关。
（3）你知道与桂林有关的俗话吗？

> A 与 B 有关
> 否定形式为"A与B无关"。
> The negative form is "A 与 B 无关".

练一练

用所给词语填空　Fill in the blanks with the given words.

认为　感兴趣　另外　影响　尤其　毕业　有关

（1）从北京语言大学_____以后我就回国找工作，我想找与汉语_____的工作。
（2）受爸爸的_____，我从小就对中国传统文化很_____，_____是京剧。
（3）我_____学习汉语要多跟中国朋友聊天儿，_____还要多了解中国文化。

语 法 一

学一学

疑问代词活用——任指和特指

The Flexible Usages of An Interrogative Pronoun—Indicating Arbitrary Reference and Definite Reference

1. 疑问代词表示任指　Interrogative Pronoun Indicating Arbitrary Reference

（1）刚来北京的时候，我谁都不认识。

> "谁"表示任何人。
> "谁" refers to anyone.

（2）我什么水果都爱吃。

> "什么"表示任何事物。
> "什么" refers to anything.

（3）咱们怎么去都可以。

> "怎么"表示任何方式或方法。
> "怎么" refers to any means.

（4）最近我哪儿也不想去。

> "哪儿"表示任何地方。
> "哪儿" refers to any place.

（5）你们决定吧，哪个饭馆都行。

> "哪+量词"表示任何一种选择。
> "哪 + a measure word" refers to any choose.

注意 Note：
> 表任指时，句中疑问代词常与"都"或"也"连用，"也"一般用于否定。
An interrogative pronoun is often used with "都" or "也" to indicate arbitrary reference. "也" is usually used in negative sentences.

2. 疑问代词表示特指　Interrogative Pronoun Indicating Definite Reference

（1）A：老师，谁可以参加运动会？
　　　B：谁想参加谁参加。

> "谁……谁……"指同一个人。
> "谁……谁……" refers to the same person.

（2）A：你今天打算买什么？
　　　B：什么便宜买什么。

> "什么……什么……"指同一种事物。
> "什么……什么……" refers to the same thing.

（3）A：咱们怎么去？
　　　B：现在可能堵车，怎么快就怎么去。

> "怎么……怎么……"指同一种方式。
> "怎么……怎么……" refers to the same means.

（4）A：今天咱们去哪儿吃饭？
　　　B：哪儿的菜好吃就去哪儿吃。

> "哪儿……哪儿……" 指同一个地方。
> "哪儿……哪儿……" refers to the same place.

（5）A：你想买哪本词典？
　　　B：哪本词典好买哪本。

> "哪+量词……哪+量词……"指同一种事物。
> "哪 + a measure word……哪 + a measure word ……" refers to the same thing.

注意 Note：
> 表特指时，前后相同的疑问代词一般用"就"连接（疑问代词A……+就+疑问代词A……）。
"A", the same interrogative pronoun, is used before and after "就" to indicate definite reference.

练一练

1. 用疑问代词填空　Fill in the blanks using interrogative pronouns.

（1）刚来中国的时候，我_____都不认识，现在我的朋友越来越多了。

（2）你别问我，我_____也不知道。

（3）刚开始学习汉语的时候，老师_____说我都听不懂。

（4）周末我只想在家休息，_____也不想去。
（5）我随便，_____个饭馆都可以。
（6）我不想去那个地方，_____想去_____去。
（7）不要怕，想说_____就说_____。
（8）我不喜欢去人多的地方，_____人少我们去_____吧。
（9）我们没有时间了，_____去快就_____去吧。
（10）_____个饭馆的菜便宜我们去_____个饭馆。

2. 用疑问代词的任指用法完成会话

   Use interrogative pronouns indicating arbitrary reference to complete the following dialogues.

   （1）A：这次比赛我可以参加吗？
       B：_____。（谁）
   （2）A：我们明天什么时候见面？
       B：_____。（什么）
   （3）A：来中国以后，你都去过哪儿？
       B：_____。（哪儿）
   （4）A：咱们是坐车去还是走着去？
       B：_____。（怎么）
   （5）A：我们去哪个饭馆吃饭？
       B：_____。（哪）

3. 用疑问代词的特指用法完成会话

   Use interrogative pronouns indicating definite reference to complete the following dialogues.

   （1）A：今天谁先去点菜？
       B：_____。（谁……谁……）
   （2）A：你什么时候去九寨沟旅行？
       B：_____。（什么……什么……）
   （3）A：这个周末咱们去哪儿玩儿？
       B：_____。（哪儿……哪儿……）
   （4）A：你说这件事该怎么办呢？
       B：_____。（怎么……怎么……）
   （5）A：你打算住哪个宾馆？
       B：_____。（哪……哪……）

语 法 二

📖 学一学

只要……，就……

（1）<u>只要</u>努力学习，<u>就</u>一定能学好汉语。

（2）<u>只要</u>我有时间，<u>就</u>一定参加你的婚礼。

> "只要……，就……"表示在某种条件下产生某种结果。连词"只要"用在前一个表示条件的分句里，关联副词"就"用在后一个分句里表示结果。
> "只要……，就……" indicates a certain result will be produced under a certain condition. The conjunction "只要" is used in the first clause to put forward a condition and the correlative adverb "就" is used in the second clause to indicate the result.

（3）a. <u>只要</u>你来，我<u>就</u>高兴。

　　　b. <u>只要</u>妈妈高兴，我<u>就</u>高兴。

　　　c. <u>只要</u>同学们有进步，我<u>就</u>高兴。

> 注意　Note：
> ▶"只要"表示的条件不是唯一的。如例（3）中的三个例句，a、b、c 中的条件不同，但结果是相同的。
> "只要" indicates the condition is not the only one. For example, the three sentences in Example (3) share the same result though the conditions are different.

👤 练一练

用"只要……，就……"完成会话

Complete the following dialogues using "只要……，就……".

（1）A：你觉得怎么才能学好汉语？

　　　B：_____。

（2）A：明天的活动你能参加吗？

　　　B：_____。

（3）A：我们明天去长城吗？

　　　B：_____。

（4）A：我感冒了，不知道什么时候能好。

　　　B：_____。

（5）A：我可以走了吗？

　　　B：_____。

语 法 三

学一学

只有……，才……

（1）只有努力学习，才能学好汉语。
（2）只有对汉语感兴趣，才能学好它。
（3）只有你来，我才高兴。

> "只有……，才……" 表示没有前面的条件，是不能得到后面的结果的。连词"只有"用在前一个表示条件的分句里，关联副词"才"用在后一个分句里表示结果。
> "只有……，才……" indicates the result in the second clause cannot be achieved without the condition in the first clause. The conjunction "只有" is used in the first clause to put forward a condition; the correlative adverb "才" is used in the second clause to indicate the result.

注意　Note：
> "只有"表示的条件是唯一的。如例（3），"你来"是"我高兴"的唯一条件。
> "只有" indicates the condition is the only one. As shown in Examlpe (3), "你来" is the only condition for "我高兴".

练一练

完成句子　Complete the sentences.

（1）只有对汉语感兴趣，_____。
（2）_____，才能减肥。
（3）只有学好汉语，_____。
（4）只有找到好工作，_____。
（5）_____，我才高兴。

实践活动

语 音 练 习

一、双音节练习　Practice the disyllabic words.

今天　　将来　　宾馆　　翻译　　东西

第24课　想去哪儿就去哪儿

学期	尤其	结果	结束	觉得
有关	旅行	影响	感谢	怎么
再说	认为	汉语	进步	句子

二、多音节练习　Practice the polysyllabic words.

【疑问代词表示任指】

谁都知道　　　　谁都不知道　　　谁都不认识　　　谁也不认识

什么都知道　　　什么都没说　　　什么也没吃　　　什么时候都可以

哪儿都不敢去　　哪儿也没去过　　怎么去都行　　　怎么说也听不懂

哪天都行　　　　哪天也没时间

【疑问代词表示特指】

谁想去谁去　　　　　　　谁知道谁说

想吃什么就点什么　　　　想什么时候来就什么时候来

想去哪儿就去哪儿　　　　怎么去快就怎么去

哪天有时间哪天去　　　　哪个超市便宜去哪个超市

三、朗读诗歌　Read the poem.

Sòng Dù Shàofǔ Zhī Rèn Shǔzhōu
[Táng] Wáng Bó
Chéngquè fǔ sān qín, fēngyān wàng wǔ jīn.
Yǔ jūn líbié yì, tóng shì huànyóu rén.
Hǎi nèi cún zhījǐ, tiānyá ruò bǐlín.
Wúwéi zài qílù, érnǚ gòng zhān jīn.

送杜少府之任蜀州

[唐]王勃

城阙辅三秦，风烟望五津。
与君离别意，同是宦游人。
海内存知己，天涯若比邻。
无为在岐路，儿女共沾巾。

词汇积累

学历 xuélì		学位 xuéwèi	图例
小学	—	—	
中学	初中 chūzhōng	—	
	高中	—	
大学	本科 běnkē	学士	
	研究生 yánjiūshēng	硕士 shuòshì	
		博士 bóshì	

汉字认知

形声字 Pictophonetic Characters

　　一部分合体字的两个偏旁中，一个表义，一个表音。表义的偏旁叫形旁，表音的偏旁叫声旁。这样的合体字叫形声字。比如："字"的形旁是"宀"，声旁是"子"；"语"的形旁是"讠"，声旁是"吾"。

Compound characters, composed of two components, one indicating the meaning and the other indicating the sound, are pictophonetic characters. For example, the character "字" has "宀" indicating the meaning and "子" indicating the sound; and the character "语" has "讠" indicating the meaning and "吾" indicating the sound.

汉字中大概 80% 的字都是形声字。

Approximately 80% of Chinese characters are pictophonetic.

有的形声字和声旁的发音完全一样。例如：

Some pictophonetic characters have the same pronunciation with their phonetic radicals. For example:

yóu	yóu	yóu
由	油	邮

大部分形声字和声旁的发音已经变得不太一样了。例如：

Most pictophonetic characters don't have the same pronunciation with their phonetic radicals. For example:

qīng	qīng	qǐng	qíng	jīng	jìng
青	清	请	晴	睛	静
biǎn	biàn	piān	piàn		
扁	遍	篇	骗		

交际任务

调查一下同学们学习汉语的难点。至少调查五个同学，填在下面的表里。下次课汇报。

Interview five or more classmates about their difficulties in leaning Chinese. Fill in the following form and report your findings to the class next time.

姓名	国籍	学习汉语的难点

文化阅读

汉语的特点

汉语是中国汉族人使用的语言，是中国的主要语言。用来记录汉语的文字是汉字。汉语有七大方言区，留学生学习的一般是汉民族的共同语——普通话。

在语音方面，汉语的一个音节（syllable）一般由声母、韵母和声调三部分组成。普通话共有四个声调，还有一个短而轻的轻声。声调有区别意义的作用，例如，"妈"和"马"是不一样的意思。

在词汇方面，现代汉语中，双音节词占优势，比单音节词多得多。在双音节词中，合成词（compound word）占优势。与很多语言不同，汉语中有量词和语气词。

在语法方面，汉语的词从词形上看不出属于哪个词类（word type），也没有变化，所以语序是比较固定的，一般是SVO（主—谓—宾）语序。还有，汉语的词类和句子成分（sentence element）不是一一对应（correspondence）的关系，而是一对多的关系。如名词，既可以做主语、宾语，又可以做定语、状语，还可以做谓语。

判断正误：

1. 声母和韵母都相同的音节，意义相同。　　　　　　　　（　　　）
2. 汉语中双音节合成词很多。　　　　　　　　　　　　　（　　　）
3. 汉语的语序是不固定的。　　　　　　　　　　　　　　（　　　）
4. 汉语中一个词类的词一般只做一种句子成分。　　　　　（　　　）

学习后记

词语	语言点

第六单元（第21-24课）语法小结

课号	语法	页码	例句	我的句子
第21课	可能补语	131	现在还买得到票吗？ 我听不清楚你的话。 老师说的话，你们听得懂听不懂？	
	趋向补语"出来"的引申用法	133	我一点儿也看不出来。	
第22课	反问句（2）——用"没（有）……吗"表示反问	147	你没有听说过这句话吗？	
	反问句（2）——用疑问代词表示反问	148	结什么婚？我还没有男朋友呢。 谁说我没去过长城？ 我怎么能不参加姐姐的婚礼呢？ 我哪儿学过日语啊？	
	疑问代词活用——疑问代词表示虚指	149	我渴了，想喝点儿什么。 我也想去哪儿玩儿玩儿。 我打算什么时候去看看他。 哪天有空儿来我家吧。 这件事好像谁说过。	
第23课	"被"字句	162	杰克被老师叫走了。 金大成叫红队的七号撞倒了。 他让裁判罚下去了。	
第24课	疑问代词活用——疑问代词表示任指	176	我刚来的时候，除了"你好"以外，什么也不会说。 咱们怎么去都可以。 刚来北京的时候，我哪儿都不敢去。	

185

(续表)

课号	语法	页码	例句	我的句子
第24课	疑问代词活用——疑问代词表示特指	177	谁想参加谁参加。	
			我刚来的时候不会点菜,现在想吃什么就点什么。	
			现在想去哪儿就去哪儿。	
	只要……,就……	179	只要努力学习,就一定能学好汉语。	
	只有……,才……	180	只有对汉语感兴趣,才能学好它。	

第 13-24 课生词索引

词条	拼音	词性	英文释义	课号
A				
唉	ài	叹词	sigh of sadness or regret	23（1）
爱情	àiqíng	名词	love	21（1）
安静	ānjìng	形容词	quiet	19（2）
B				
把	bǎ	量词	a measure word used for an object with a handle	17（2）
白头到老	báitóu dào lǎo		to live in conjugal bliss to a ripe old age	17（2）
摆	bǎi	动词	to arrange, to place sth. properly	18（1）
搬	bān	动词	to move	15（2）
搬家	bān//jiā	动词	to move	18（2）
办公室	bàngōngshì	名词	office	16（1）
拌	bàn	动词	to stir and mix	20（1）
帮忙	bāng//máng	动词	to help	20（1）
帮助	bāngzhù	名词	help	24（1）
		动词	to help	24（1）
报纸	bàozhǐ	名词	newspaper	14（2）
抱	bào	动词	to carry	19（1）
被	bèi	介词	used in a passive sentence, sometimes with the agent or doer of an action following 被	23（1）
比	bǐ	动词	(of a score) to	23（1）
笔记本	bǐjìběn	名词	laptop	19（2）
毕业	bì//yè	动词	to graduate	24（2）
避暑	bì//shǔ	动词	to spend a holiday at a summer resort	15（1）
表演	biǎoyǎn	名词	perform, show	21（1）
		动词	to perform, to act	21（1）
宾馆	bīnguǎn	名词	hotel	22（2）
冰箱	bīngxiāng	名词	refrigerator	19（2）
不是……，而是……	búshì……, érshì……		not... but...	13（1）

布置	bùzhì	动词	to decorate	18（1）
部分	bùfen	名词	part, section	21（2）

C

猜	cāi	动词	to guess	21（2）
裁判	cáipàn	名词	referee	23（1）
参观	cānguān	动词	to visit	14（2）
餐桌	cānzhuō	名词	dining table	19（2）
层	céng	量词	floor	16（2）
尝	cháng	动词	to try	15（1）
吵	chǎo	形容词	noisy	21（1）
炒	chǎo	动词	to stir-fry	20（2）
车	chē	名词	car, vehicle	18（2）
成	chéng	动词	to turn into	13（1）
成立	chénglì	动词	to establish, to set up	23（2）
成为	chéngwéi	动词	to become, to turn into	23（2）
城市	chéngshì	名词	city	15（2）
初	chū		used before numbers from one to ten indicating the first ten days of a month on the Chinese lunar calendar	17（1）
除了	chúle	介词	except, besides	15（2）
除了……（以外），……	chúle……(yǐwài),……		besides	15（2）
川菜	chuāncài	名词	Sichuan cuisine	22（2）
窗台	chuāngtái	名词	windowsill	18（1）
床	chuáng	名词	bed	19（2）
床单	chuángdān	名词	bedsheet	19（1）
床头柜	chuángtóuguì	名词	bedside cupboard	19（2）
从来	cónglái	副词	always, all along (*often used in the negative form*), from the past to the present	17（1）
从小	cóngxiǎo	副词	from one's childhood	23（2）
粗心	cūxīn	形容词	careless, thoughtless	13（1）
醋	cù	名词	vinegar	20（2）
存包处	cúnbāochù	名词	locker room	16（2）
错	cuò	形容词	wrong	13（1）

D

打的	dǎ//dī	动词	to take a taxi	13（2）

打工	dǎ//gōng	动词	to have a temporary job	14（2）
打开	dǎ//kāi	动词	to open, to turn on	20（1）
大巴	dàbā	名词	bus	13（2）
大多	dàduō	副词	most	14（2）
代表	dàibiǎo	动词	to represent, to stand for	21（2）
代表团	dàibiǎotuán	名词	delegation	14（2）
当	dāng	动词	to be, to work as	14（1）
刀	dāo	名词	knife	20（1）
导游	dǎoyóu	名词	tour guide	14（1）
倒	dǎo	动词	to fall down	23（1）
倒	dào	动词	to invert, to place upside down	18（1）
倒	dào	动词	to pour	20（2）
倒数	dàoshǔ	动词	to count from rear to front, or from bottom to top	21（2）
地	de	助词	*used after words of certain categories or phrases to form an adverbial before a verb*	14（2）
递	dì	动词	to hand over, to pass	20（1）
点	diǎn	动词	to order	24（1）
电脑	diànnǎo	名词	computer	13（1）
电梯	diàntī	名词	lift, elevator	16（1）
电子邮件	diànzǐ yóujiàn		e-mail	13（1）
订	dìng	动词	to book, to order	17（1）
丢三落四	diū sān là sì		forgetful	16（2）
动作	dòngzuò	名词	movement, motion, action	21（1）
都……了	dōu……le		already	13（1）
队	duì	名词	team	23（1）
队长	duìzhǎng	名词	captain, team leader	23（2）

F

发票	fāpiào	名词	invoice	19（1）
罚	fá	动词	to punish, to penalize	23（1）
翻译	fānyì	动词	to interpret, to translate	24（2）
		名词	interpreter	24（2）
方式	fāngshì	名词	way	19（2）
放	fàng	动词	to put, to place	18（1）
放假	fàng//jià	动词	to have a holiday/vacation	22（1）

放心	fàng//xīn	动词	to feel relieved	13（1）
份	fèn	量词	*a measure word used for newspapers, jobs, etc.*	14（1）
风俗	fēngsú	名词	social custom	22（2）
服务台	fúwùtái	名词	service center	13（2）
幅	fú	量词	*a measure word used for cloth, silk, paintings, etc.*	19（2）
福	fú	名词	luck, happiness	18（1）

G

改	gǎi	动词	to correct	16（1）
干燥	gānzào	形容词	dry	15（2）
敢	gǎn	动词	to dare	24（1）
感谢	gǎnxiè	动词	to thank	24（1）
感兴趣	gǎn xìngqù		to be interested in	24（2）
公用	gōngyòng	动词	for public use	19（2）
购物单	gòuwùdān		shopping list	19（1）
故事	gùshi	名词	story, tale	21（1）
挂	guà	动词	to hang	19（2）
（海）关	(hǎi) guān	名词	customs	13（2）
光盘	guāngpán	名词	CD	18（2）
跪	guì	动词	to go down on one or both knees	17（2）
锅	guō	名词	pot, wok	20（2）
过来	guò//lái	动词	to come over	16（2）
过去	guò//qù	动词	to go over	16（1）
过	guo	助词	*used after a verb to indicate a past action or experience*	14（1）

H

海报	hǎibào	名词	poster	21（1）
海滨	hǎibīn	名词	seaside, seashore	15（2）
寒假	hánjià	名词	winter vacation	22（2）
汉字	Hànzì	名词	Chinese character	24（1）
航班	hángbān	名词	flight	13（1）
好处	hǎochù	名词	good side	16（1）
合资	hézī	动词	to make joint investment	15（2）
红牌	hóngpái	名词	red card	23（1）
后来	hòulái	名词	later	23（2）
后天	hòutiān	名词	the day after tomorrow	13（2）

花	huā	名词	flower	18（1）
画	huà	动词	to draw, to paint	21（2）
话	huà	名词	word, talk	21（1）
怀	huái	名词	bosom	19（1）
坏	huài	形容词	bad, damaged, broken	16（1）
环境	huánjìng	名词	environment	15（1）
换	huàn	动词	to exchange, to change	17（2）
黄牌	huángpái	名词	yellow card	23（1）
回答	huídá	动词	to answer	24（1）
回去	huí//qù	动词	to go back	16（1）
会议	huìyì	名词	meeting, conference	15（1）
婚礼	hūnlǐ	名词	wedding ceremony	17（1）
婚纱	hūnshā	名词	wedding dress	17（1）
火车	huǒchē	名词	train	15（1）
火车站	huǒchēzhàn	名词	railway station	13（2）
货	huò	名词	goods	19（1）

J

计划	jìhuà	名词	plan	22（1）
		动词	to plan	22（1）
记	jì	动词	to remember	13（1）
加	jiā	动词	to add, to put in	20（2）
加油	jiā//yóu	动词	to come on	23（1）
甲	jiǎ		to rank first	22（2）
假期	jiàqī	名词	vacation	14（2）
检查	jiǎnchá	动词	to check	19（1）
简单	jiǎndān	形容词	simple	14（2）
将来	jiānglái	名词	future	24（2）
降落	jiàngluò	动词	to land	13（2）
胶带	jiāodài	名词	sellotape, rubberized or adhesive tape	18（2）
教练	jiàoliàn	名词	coach	23（2）
接	jiē	动词	to pick sb. up	13（1）
节奏	jiézòu	名词	rhythm	21（2）
结婚	jié//hūn	动词	to get married	17（1）
结束	jiéshù	动词	to end, to finish	23（1）

结账	jié//zhàng	动词	to check out	16（2）
紧张	jǐnzhāng	形容词	in short supply	15（2）
进步	jìnbù	名词	progress	24（1）
		动词	to make progress	24（1）
经常	jīngcháng	副词	often	16（2）
经历	jīnglì	名词	experience	14（2）
景点	jǐngdiǎn	名词	scenic spot	14（2）
酒店	jiǔdiàn	名词	hotel	17（1）
举行	jǔxíng	动词	to hold, to have	15（1）
句	jù	量词	a measure word used for sentences	22（2）
句子	jùzi	名词	sentence	24（1）
剧院	jùyuàn	名词	theater, playhouse	21（2）
决定	juédìng	动词	to decide	22（1）
决赛	juésài	名词	final	23（2）

K

开	kāi	动词	to drive	18（2）
开会	kāi//huì	动词	to have a meeting	15（1）
开心	kāixīn	形容词	happy, cheerful	17（2）
看中	kàn//zhòng	动词	to take a fancy to	23（2）
可……了	kě……le		so, such (used for emphasis)	23（2）
可惜	kěxī	形容词	unfortunate	23（1）
空	kōng	形容词	empty	19（2）
口语	kǒuyǔ	名词	spoken language	24（2）
快递	kuàidì	名词	EMS	19（1）

L

啦	la	助词	fusion of the sounds 了 le and 啊 a and thus acquiring the meanings of both words to express exclamation and interrogation	15（1）
来得及	láidejí	动词	there's still time, to be able to do something in time	19（2）
蓝	lán	形容词	blue	23（1）
离开	lí//kāi	动词	to leave	22（1）
历史	lìshǐ	名词	history	14（2）
连……都/也……	lián……dōu/yě……		even	22（1）
脸	liǎn	名词	face	21（2）

脸谱	liǎnpǔ	名词	types of facial make-up in Beijing opera	21（2）
另外	lìngwài	连词	in addition, besides	24（2）
楼	lóu	名词	storeyed building	16（1）
楼梯	lóutī	名词	stairs	16（1）
鲁菜	lǔcài	名词	Shandong cuisine	22（2）
路线	lùxiàn	名词	route	22（1）
旅行社	lǚxíngshè	名词	travel agency	22（2）
旅行箱	lǚxíngxiāng	名词	suitcase	18（1）

M

麻烦	máfan	动词	to trouble, to bother	20（1）
		形容词	troublesome	20（1）
马大哈	mǎdàhā	名词	careless and forgetful person	13（1）
美丽	měilì	形容词	beautiful	22（2）
门口	ménkǒu	名词	doorway	16（2）
梦想	mèngxiǎng	名词	dream	23（2）
迷人	mírén	形容词	fascinating	22（2）
面试	miànshì	动词	to interview	14（1）
面试官	miànshìguān	名词	interviewer	14（1）
名胜古迹	míngshèng gǔjì		place of historic interest	14（2）
明白	míngbai	动词	to know, to understand	13（2）
		形容词	obvious, clear	13（2）
明星	míngxīng	名词	(movie, singing, etc.) star	18（1）

N

拿	ná	动词	to bring, to take	16（2）
努力	nǔlì	形容词	assiduous	14（1）

P

爬	pá	动词	to climb	16（1）
拍照	pāi//zhào	动词	to take a picture	17（1）
排	pái	量词	row	21（2）
跑	pǎo	动词	to run	16（2）
盆	pén	名词	round utensil with a large opening and small bottom for use as a receptacle or for washing	18（1）
		量词	*a measure word for basins, pots, etc.*	
捧	pěng	动词	to hold or offer with both hands	17（2）

票	piào	名词	ticket	15 (1)
铺	pū	动词	to spread, to unfold	19 (2)
葡萄酒	pútaojiǔ	名词	wine	20 (1)

Q

其中	qízhōng	名词	among, in, of	15 (2)
企业	qǐyè	名词	enterprise	15 (2)
起飞	qǐfēi	动词	(of a plane) to take off	13 (1)
签字	qiān//zì	动词	to sign one's name	19 (1)
前锋	qiánfēng	名词	forward	23 (1)
前天	qiántiān	名词	the day before yesterday	15 (1)
墙	qiáng	名词	wall	18 (1)
切	qiē	动词	to cut	20 (1)
亲戚	qīnqi	名词	relative	17 (1)
清楚	qīngchu	形容词	clear, distinct, explicit	21 (1)
庆祝	qìngzhù	动词	to celebrate	24 (1)
求婚	qiú//hūn	动词	to make a proposal (to)	17 (2)
全	quán	形容词	all	15 (2)

R

让	ràng	介词	used in a passive sentence, sometimes with the agent or doer of an action following 让	23 (1)
热	rè	形容词	hot	20 (2)
热闹	rènao	形容词	lively, bustling with noise and excitement	17 (1)
人物	rénwù	名词	character, person in literature	21 (2)
人员	rényuán	名词	personnel	13 (1)
认为	rènwéi	动词	to think	24 (2)

S

伞	sǎn	名词	umbrella	17 (2)
沙发	shāfā	名词	sofa	19 (2)
沙拉	shālā	名词	salad	20 (1)
山水	shānshuǐ	名词	landscape	22 (1)
山水画	shānshuǐhuà	名词	landscape painting	19 (2)
扇子	shànzi	名词	fan, device for creating a current of air or a breeze	17 (2)
伤	shāng	动词	to hurt, to injure	23 (1)
上来	shàng//lái	动词	to come up	16 (1)

上门	shàng//mén	动词	to call at (sb.)	19（2）
上去	shàng//qù	动词	to go up	16（1）
少数民族	shǎoshù mínzú		minority ethnic group	22（2）
射门	shè//mén	动词	to shoot (at the goal) in a football game	23（1）
湿润	shīrùn	形容词	humid	15（2）
时	shí	名词	when	14（1）
时刻表	shíkèbiǎo	名词	schedule	13（1）
实现	shíxiàn	动词	to come true, to realize	22（2）
世界	shìjiè	名词	world	18（1）
适合	shìhé	动词	to suit, to fit	14（1）
收拾	shōushi	动词	to put… in order, to pack	18（2）
受	shòu	动词	to receive	24（2）
书包	shūbāo	名词	backpack	16（2）
书桌	shūzhuō	名词	desk	19（2）
暑假	shǔjià	名词	summer vacation	15（1）
摔	shuāi	动词	to fall	23（2）
水平	shuǐpíng	名词	level	14（1）
顺利	shùnlì	形容词	smoothly, successfully, without a hitch	13（2）
丝	sī	名词	shred, small narrow piece	20（2）
松	sōng	名词	pine (tree)	22（1）
俗话	súhuà	名词	proverb	22（2）

T

它	tā	代词	it	18（1）
它们	tāmen	代词	they, them	18（1）
台灯	táidēng	名词	table lamp	19（1）
谈	tán	动词	to talk about	24（2）
提高	tígāo	动词	to improve	14（1）
题	tí	名词	question	24（1）
天堂	tiāntáng	名词	heaven	22（1）
天下	tiānxià	名词	land under heaven, China or the world	22（2）
贴	tiē	动词	to paste, to stick	18（1）
听力	tīnglì	名词	listening comprehension	24（1）
听说	tīngshuō	动词	to hear of, to be told	17（1）
同事	tóngshì	名词	colleague	15（1）

同屋	tóngwū	名词	roommate	16（2）
土豆	tǔdòu	名词	potato	20（2）
推荐	tuījiàn	动词	to recommend	14（2）
腿	tuǐ	名词	leg	23（2）

W

外国	wàiguó	名词	foreign country	21（1）
外卖	wàimài	名词	takeaway	20（1）
完	wán	动词	to finish	13（1）
晚点	wǎn//diǎn	动词	to be late	13（1）
味道	wèidao	名词	taste, flavor	20（2）
屋（子）	wū (zi)	名词	room	18（1）
武打	wǔdǎ	名词	acrobatic fighting in a Chinese opera or dance	21（1）

X

西服	xīfú	名词	clothes of Western-style, suit	17（2）
洗	xǐ	动词	to wash	20（1）
喜酒	xǐjiǔ	名词	drinks offered to guests at a wedding	17（1）
喜糖	xǐtáng	名词	wedding sweets or candy	17（1）
戏	xì	名词	drama, show	21（1）
下雨	xià//yǔ	动词	to rain	17（2）
夏天	xiàtiān	名词	summer	15（1）
鲜花	xiānhuā	名词	(fresh) flower	17（2）
箱子	xiāngzi	名词	box, case	18（1）
像	xiàng	动词	to be like, to take after	18（1）
像……什么的	xiàng……shénmede		such as…, etc.	14（1）
小条儿	xiǎotiáor	名词	sticker	18（2）
小学	xiǎoxué	名词	primary school	23（2）
笑	xiào	动词	to smile, to laugh	17（2）
行李	xíngli	名词	luggage, baggage	13（2）
性格	xìnggé	名词	character, nature	21（2）
修	xiū	动词	to repair	16（1）
需要	xūyào	动词	to need	20（1）
选择	xuǎnzé	动词	to choose, to select	14（1）
学期	xuéqī	名词	term, semester	24（1）

Y

严重	yánzhòng	形容词	serious	23（2）
盐	yán	名词	salt	20（2）
演	yǎn	动词	to perform, to act	21（1）
演出	yǎnchū	名词	performance, show	21（1）
		动词	to perform, to act	21（1）
演员	yǎnyuán	名词	actor or actress	21（1）
钥匙	yàoshi	名词	key	16（2）
一……就……	yī……jiù……		no sooner…than…	22（1）
一……也不/没……	yī……yě bù / méi……		not at all	21（1）
衣柜	yīguì	名词	closet	19（2）
衣架	yījià	名词	hanger	19（1）
一共	yígòng	副词	altogether	19（1）
以外	yǐwài	名词	apart from	15（2）
以为	yǐwéi	动词	to think	18（2）
椅子	yǐzi	名词	chair	20（1）
英文	Yīngwén	名词	English	21（2）
樱桃	yīngtao	名词	cherry	20（1）
赢	yíng	动词	to win	23（1）
影响	yǐngxiǎng	动词	to influence	24（2）
		名词	influence	24（2）
用	yòng	动词	to use	16（1）
优美	yōuměi	形容词	beautiful	15（2）
优盘	yōupán	名词	USB flash disk, flash memory disk	16（1）
尤其	yóuqí	副词	especially	24（2）
油	yóu	名词	oil	20（2）
有关	yǒuguān	动词	to have something to do with, to be related to	24（2）
有名	yǒumíng	形容词	famous	15（2）
与	yǔ	介词	with	24（2）
园林	yuánlín	名词	garden	22（1）
原来	yuánlái	副词	as it turns out	16（2）
愿望	yuànwàng	名词	wish	22（2）

| 粤菜 | yuècài | 名词 | Guangdong cuisine | 22（2） |
| 云 | yún | 名词 | cloud | 22（1） |

Z

杂志	zázhì	名词	magazine, journal	18（2）
再说	zàishuō	动词	to talk about something later	22（1）
糟糕	zāogāo	形容词	terrible, too bad	13（1）
炸	zhá	动词	to deep-fry	20（2）
站	zhàn	动词	to stand, to be on one's feet	17（2）
着急	zháojí	形容词	worried, anxious	13（1）
	zháo//jí	动词	to get worried, to feel anxious	
着	zhe	助词	used after a verb, indicating the continuation of an action or a state	17（1）
正月	zhēngyuè	名词	the first month of the Chinese lunar calendar	17（1）
之前	zhīqián	名词	before	24（2）
知识	zhīshi	名词	knowledge	14（2）
职业	zhíyè	名词	profession, occupation	14（2）
只好	zhǐhǎo	副词	to have to	16（1）
只要……，就……	zhǐyào…… jiù……		if only, as long as	24（1）
只有……，才……	zhǐyǒu……, cái……		only if, provided that	24（2）
纸	zhǐ	名词	paper	18（1）
志愿者	zhìyuànzhě	名词	volunteer	14（2）
中学	zhōngxué	名词	middle school	14（2）
主角	zhǔjué	名词	leading role	21（1）
装	zhuāng	动词	to load, to pack	18（2）
撞	zhuàng	动词	to bump against	23（1）
准备	zhǔnbèi	动词	to prepare	18（2）
准时	zhǔnshí	形容词	punctual, on time	13（1）
桌子	zhuōzi	名词	table, desk	18（1）
字幕	zìmù	名词	captions or subtitles (of movies, TV programs, etc.)	21（2）
自由	zìyóu	形容词	free	22（2）
总是	zǒngshì	副词	always	13（1）
最后	zuìhòu	名词	finally, ultimately	18（2）

作业本	zuòyèběn	名词	exercise book	16（1）
做法	zuòfǎ	名词	way of doing or making sth., cooking method	20（2）
做客	zuò//kè	动词	to be a guest or visitor	20（2）

专有名词

词条	拼音	英文释义	课号
长城	Chángchéng	the Great Wall	14（1）
春节	Chūnjié	the Spring Festival	17（1）
故宫	Gù Gōng	the Imperial Palace	14（1）
桂林	Guìlín	name of a city in Guangxi Zhuang Autonomous Region	22（1）
国家大剧院	Guójiā Dàjùyuàn	National Center for the Performing Arts	21（1）
杭州	Hángzhōu	name of a city in Zhejiang Province	22（1）
黄山	Huáng Shān	name of a mountain in Anhui Province	22（1）
九寨沟	Jiǔzhàigōu	name of a place in Sichuan Province	22（2）
青岛	Qīngdǎo	name of a city in Shandong Province	15（1）
苏州	Sūzhōu	name of a city in Jiangsu Province	22（1）
天坛	Tiān Tán	the Temple of Heaven	14（1）
西湖	Xī Hú	name of a lake in Hangzhou	22（1）
颐和园	Yíhé Yuán	the Summer Palace	14（1）

第 13-24 课语法总结

语法	课号	页码	例句	我的句子
过去的经验或经历——动态助词"过"	第14课	23	我去过长城。	
			我没有去过上海。	
			你吃过烤鸭没有？	
			我学过半年汉语。	
			我找过他两次。	
			我以前来过一次中国。	
状语与结构助词"地"		25	我简单地介绍了一下自己的工作经历。	
疑问代词活用——疑问代词表示虚指	第22课	149	我渴了，想喝点儿什么。	
			我也想去哪儿玩儿玩儿。	
			我打算什么时候去看看他。	
			哪天有空儿来我家吧。	
			这件事好像谁说过。	
疑问代词活用——疑问代词表示任指	第24课	176	我刚来的时候，除了"你好"以外，什么也不会说。	
			咱们怎么去都可以。	
			刚来北京的时候，我哪儿都不敢去。	
疑问代词活用——疑问代词表示特指		177	谁想参加谁参加。	
			我刚来的时候不会点菜，现在想吃什么就点什么。	
			现在想去哪儿就去哪儿。	

(续表)

语法	课号	页码	例句	我的句子
状态的持续或动作的进行——V+着	第17课	70	门开着呢。 她穿着婚纱真漂亮！ 我们正等着你呢。 老师站着讲课，我们坐着听课。	
除了……（以外），……	第15课	39	除了小王以外，大家都来了。 除了风景优美以外，青岛还有很多有名的企业。	
只要……，就…… 只有……，才……	第24课	179 180	只要努力学习，就一定能学好汉语。 只有对汉语感兴趣，才能学好它。	
结果补语	第13课	9	你们说完了，我还没说完呢。 希望这次他能记对时间。 现在都十点了，早该接到了。 我记错时间了，记成早上八点了。 这次我记住了。 晚饭做好了吗？	
可能补语	第21课	131	现在还买得到票吗？ 我听不清楚你的话。 老师说的话，你们听得懂听不懂？	
简单趋向补语	第16课	52	他上来了。 他上楼去了。 我给他带去了一本书。 他要带一个包裹来。	

201

（续表）

语法	课号	页码	例句	我的句子
复合趋向补语	第16课	54	上课用的优盘，我忘带回去了。	
			电梯坏了，我只好走上来了。	
			我买回来了一斤苹果。	
			他拿出一本书来。	
			我忘带手机了，只好跑上楼去拿。	
			我和他一起走回学校去了。	
趋向补语"出来"的引申用法	第21课	133	我一点儿也看不出来。	
强调的表达——是……的	第15课	37	我是前天回来的。	
			我是在火车站买的。	
			我是坐火车回来的。	
			我是跟同事一起去的。	
			我是去旅行的。	
			A：你是不是坐火车去的？ B：我不是坐火车去的，我坐飞机去的。	
存现的表达——存现句	第19课	101	桌子上放着一个台灯。	
			那边走过来一个人。	
			楼里搬走了一家人。	
"把"字句（1）	第18课	86	请把书放在桌子上。	
			他们已经把车开到楼下了。	
			我打算把不用的东西送给朋友。	
			他把美元换成人民币了。	

(续表)

语法	课号	页码	例句	我的句子
"把"字句（2）	第20课	114	我把作业给老师了。	
			我来把沙拉拌好。	
			把笔递过来吧。	
			他把房间收拾得很干净。	
			麻烦你把这些水果洗一下。	
			你把水果洗一洗吧。	
			我把苹果吃了。	
"被"字句	第23课	162	杰克被老师叫走了。	
			金大成叫红队的七号撞倒了。	
			他让裁判罚下去了。	
无标志被动句	第20课	117	你们家布置得真不错！	
			沙拉拌好了。	
反问句（2）——用"没(有)……吗"表示反问	第22课	147	你没有听说过这句话吗？	
反问句（2）——用疑问代词表示反问		148	结什么婚？我还没有男朋友呢。	
			谁说我没去过长城？	
			我怎么能不参加姐姐的婚礼呢？	
			我哪儿学过日语啊？	

"十二五"国家重点出版物出版规划项目
国家汉办新世纪汉语本科系列教材研发项目
汉语言专业本科系列教材·综合类

ELEMENTARY CHINESE: COMPREHENSIVE COURSE (I)
初级汉语综合教程 上

本册主编：魏新红
编　者：魏新红　刘　畅　闻　亭　孙文访　董　政　刘敬华
翻　译：何　洁

Worksheets 练习活页 2

ERYA CHINESE

北京语言大学出版社
BEIJING LANGUAGE AND CULTURE
UNIVERSITY PRESS

目　录

第 13 课　我记错时间了 …………………………………………………… 1

第 14 课　你当过导游吗 …………………………………………………… 5

第 15 课　我是前天回来的 ………………………………………………… 9

第 16 课　我只好走上来了 ………………………………………………… 13

第四单元（第 13-16 课）练习 …………………………………………… 17

第 17 课　她穿着婚纱真漂亮 ……………………………………………… 23

第 18 课　我把旅行箱搬到你房间了 ……………………………………… 27

第 19 课　那边走过来一个人 ……………………………………………… 31

第 20 课　我把桌子和椅子都摆好了 ……………………………………… 35

第五单元（第 17-20 课）练习 …………………………………………… 39

第 21 课　我一点儿也看不出来 …………………………………………… 45

第 22 课　我想一放假就回国 ……………………………………………… 49

第 23 课　他被撞倒了 ……………………………………………………… 53

第 24 课　想去哪儿就去哪儿 ……………………………………………… 57

第六单元（第 21-24 课）练习 …………………………………………… 61

第 1-24 课期末模拟试题 …………………………………………………… 67

13 我记错时间了

姓名：_____

一、写汉字 Write the Chinese characters.

jiē	接 接 接 接 接 接 接 接 接
接	

jí	急 急 急 急 急 急 急 急
急	

nǎo	脑 脑 脑 脑 脑 脑 脑 脑 脑
脑	

zāo	糟 糟 糟 糟 糟 糟 糟 糟 糟 糟 糟 糟 糟
糟	

gāo	糕 糕 糕 糕 糕 糕 糕 糕 糕 糕 糕 糕 糕
糕	

cuò	错 错 错 错 错 错 错 错 错 错 错
错	

shùn	顺 顺 顺 顺 顺 顺 顺 顺
顺	

zhǔn	准 准 准 准 准 准 准 准 准
准	

1

| jiàng 降 | 降 降 降 降 降 降 降 降 | | | | | | | | | | | |

| luò 落 | 落 落 落 落 落 落 落 落 落 落 落 落 | | | | | | | | | | | |

二、组词 Make words.

例如：语：___汉语___

1. 电：_____   2. 航：_____

3. 晚：_____   4. 糟：_____

5. 心：_____   6. 顺：_____

7. 准：_____   8. 降：_____

9. 行：_____   10. 站：_____

三、填写动词 Fill verbs in the blanks.

例如：__学习__ 汉语

1. _____ 大巴   2. _____ 机场

3. _____ 行李   4. _____ 朋友

四、选词填空 Choose the words to fill in the blanks.

> 到　完　住　错　成　懂

1. A：你怎么又迟到了？

   B：不好意思，我看_____表了。

2. 老师，我又听_____了。"j" 我总是听_____ "q"，有什么好办法吗？

3. A：综合课你们学_____第几课了？

   B：昨天我们已经学_____第12课了，今天学第13课。

4. 昨天的生词太多了，我没记_____。

5. 今天的听力挺容易，我都听_____了。

五、给括号中的词语选择适当的位置

Choose the right positions for the words in the parentheses.

1. 杰克 A 租 B 房子 C 了 D 吗？　　　　　　　　　　　　（到）

2. 昨天的听写 A 我只写 B 错 C 一个字 D。　　　　　　　（了）

3. 这本书你 A 看 B 了借 C 给 D 我怎么样？　　　　　　（完）

4. 希望 A 明天 B 能 C 到 D 北京。　　　　　　　　　　（准时）

六、组句　Make sentences.

1. 火车　北京　在　里　他　说　八点　到　电子邮件

   _____

2. 写　都　生词　我　的　对　了　今天

   _____

3. 作业　昨天　你　做　了　完　的　没有

   _____

4. 了　我们　没　时间　他　也　接　的　朋友　等　很长　到

   _____

七、用括号中的结构或词语完成句子或会话

Complete the sentences or dialogues using the expressions or word in the parentheses.

1. _____，他还没有起床。（都……了）

2. A：昨天下午四点你怎么没来？

   B：_____。（V+错）

3. A：他是你哥哥吗？

   B：_____。（不是……，而是……）

4. 最近他身体不太好，_____。（总是）

5. A：今天的语法难不难？

   B：_____。（V+懂）

八、完成会话　Complete the dialogues.

老　师：昨天的生词大家预习了吗？

学　生：_____。

老　师：预习完了没有？
学　生：_____。
老　师：预习好了没有？
学　生：_____。

（听写）

老　师：都_____了吧？
学　生：等一会儿，_____。
老　师：怎么样？都写对了吗？
学　生：_____。

九、根据实际情况回答问题　Answer the questions according to the real situation.

1. 你们学到第几课了？已经学完多少篇课文了？

2. 这学期你们要学到第几课？

3. 这两天的听写你写得怎么样？都写对了吗？

4. 上课的时候，老师说的话都听懂了吗？

十、综合填空　Cloze

　　上星期的考试我考得很不好。我记❶_____时间了。考试的时间和平时上课的时间不一样。考试❷_____八点半开始，❸_____八点开始。第一题（tí question）是听写，我❹_____迟到了一会儿，所以很多都没听❺_____。一共十句话，我❻_____写了五句，而且这五个句子还没写❼_____。最后一题是作文，时间不够了，我写❽_____很少，很多字也都写❾_____了。真❿_____！

14 你当过导游吗

姓名：_____

一、写汉字　Write the Chinese characters.

nǔ 努	努 努 努 努 努 努 努
dǎo 导	导 导 导 导 导 导
yóu 游	游 游 游 游 游 游 游 游 游 游
xuǎn 选	选 选 选 选 选 选 选 选
zé 择	择 择 择 择 择 择 择 择
tuī 推	推 推 推 推 推 推 推 推 推 推
jiàn 荐	荐 荐 荐 荐 荐 荐 荐 荐
jià 假	假 假 假 假 假 假 假 假 假

| jì 迹 | 迹 迹 迹 迹 迹 迹 迹 迹 迹 |
| zhí 职 | 职 职 职 职 职 职 职 职 职 职 |

二、**组词**　Make words.

例如：语：___汉语___

1. 试：_____　　2. 努：_____

3. 平：_____　　4. 提：_____

5. 导：_____　　6. 选：_____

7. 推：_____　　8. 简：_____

9. 参：_____　　10. 业：_____

三、**填写动词**　Fill verbs in the blanks.

例如：___学习___ 汉语

1. _____ 面试　　2. _____ 名胜古迹

3. _____ 导游　　4. _____ 中学

5. _____ 历史知识　　6. _____ 报纸

四、**选词填空**　Choose the words to fill in the blanks.

1. 我去_____他家，知道他家在哪儿。　　　　　　　　（了　过）

2. 我没吃_____这个菜，好吃吗？　　　　　　　　　　（了　过）

3. 听说妈妈病了，她着急_____哭了。　　　　　　　　（的　得　地）

五、**给括号中的词语选择适当的位置**

Choose the right positions for the words in the parentheses.

1. 我没 A 去 B 老舍茶馆 C，很想去 D 看看。　　　　　　（过）

2. 这家饭店的菜做 A 得还不错，你去 B 吃 C 没有 D？　　（过）

3. 我做过 A 很多工作 B，像 C 导游、服务员 D 我都当过。（什么的）

4. 别着急 A，慢慢 B 说，说 C 清楚 D 一点儿。　　　　　（地）

六、组句　Make sentences.

1. 工　过　你　没有　以前　打

   _____

2. 我　上海　次　去　两　过

   _____

3. 中国　第　我　是　这　次　来　一

   _____

4. 经历　请　介绍　你　地　一下　的　简单　自己

   _____

七、用括号中的词语或结构完成会话
Complete the dialogues using the words or expression in the parentheses.

1. A：这本汉语书难不难？

   B：_____。（适合）

2. A：你喜欢吃哪些中国菜？

   B：_____。（像……什么的）

3. A：周末你们班同学一般做什么？

   B：_____。（大多）

4. A：_____。（选择）

   B：因为我的朋友们都说这个学校特别好。

八、完成会话　Complete the dialogues.

A：你学了多长时间汉语了？

B：_____。

A：你去过中国的哪些地方？

B：_____。

A：_____？

B：我以前打过工，当过两年英语老师。

A：_____？

B：我觉得自己特别适合当老师。

九、根据实际情况回答问题　Answer the questions according to the real situation.

1. 来中国以后，你参观过哪些名胜古迹？

2. 除了汉语以外，你还学过哪些外语？

3. 你学过武术没有？想学吗？

4. 你吃过哪些中国的传统食品？

5. 你都吃过哪些国家的菜？你觉得哪个国家的菜最好吃？

十、综合填空　Cloze

我的中国朋友推荐我去❶_____一个中国孩子当家教，教他日语。我在日本的时候当❷_____家教，知道怎么教孩子。但是没教❸_____中国孩子，有点儿担心。昨天我去学生家❹_____他的父母见了面。他的父母❺_____我很热情，邀请我一起吃饭，我们聊❻_____很愉快。因为我平时学习很忙，❼_____我们约好每个星期辅导两❽_____。我以后打算在中国❾_____日语，这次打工❿_____经历对我以后的工作很有帮助（bāngzhù to help）。

15 我是前天回来的

姓名：＿＿＿＿＿＿＿＿＿

一、写汉字　Write the Chinese characters.

pīào	票票票票票票票票票票票
票	

jìng	境境境境境境境境境境境
境	

bì	避避避避避避避避避避避避
避	

shǔ	暑暑暑暑暑暑暑暑暑暑暑
暑	

cháng	尝尝尝尝尝尝尝尝尝
尝	

bīn	滨滨滨滨滨滨滨滨滨滨滨滨
滨	

bān	搬搬搬搬搬搬搬搬搬搬
搬	

shī	湿湿湿湿湿湿湿湿湿湿湿
湿	

rùn 润	润 润 润 润 润 润 润 润 润												
zào 燥	燥 燥 燥 燥 燥 燥 燥 燥 燥 燥 燥 燥 燥 燥 燥 燥												

二、组词　Make words.

例如：语：＿＿汉语＿＿

1. 天：＿＿＿＿＿＿　　　2. 票：＿＿＿＿＿＿
3. 同：＿＿＿＿＿＿　　　4. 假：＿＿＿＿＿＿
5. 海：＿＿＿＿＿＿　　　6. 合：＿＿＿＿＿＿
7. 优：＿＿＿＿＿＿　　　8. 名：＿＿＿＿＿＿
9. 湿：＿＿＿＿＿＿　　　10. 燥：＿＿＿＿＿＿

三、填写动词　Fill verbs in the blanks.

例如：＿＿学习＿＿汉语

1. ＿＿＿＿＿会议　　2. ＿＿＿＿＿家　　3. ＿＿＿＿＿火车　　4. ＿＿＿＿＿特产

四、选词填空　Choose the words to fill in the blanks.

1. ＿＿＿＿＿班同学都去了，只有你没去。　　　　　　　　　　（全　　都）

2. 除了苹果，别的水果我＿＿＿＿＿爱吃。　　　　　　　　　　（都　　还）

3. 我除了喜欢爬山，＿＿＿＿＿喜欢游泳。　　　　　　　　　　（都　　还）

4. 我早就回来＿＿＿＿＿。　　　　　　　　　　　　　　　　　（啊　　啦）

5. 这里＿＿＿＿＿湿润，不像北京那么干燥。　　　　　　　　　（气候　天气）

五、给括号中的词语选择适当的位置

Choose the right positions for the words in the parentheses.

1. 我 A 是今天早上 B 在图书馆 C 看到他 D。　　　　　　　　　　（的）

2. A 这件衣服 B 在西单商场 C 买 D 的。　　　　　　　　　　　　（是）

3. A 除了 B 她 C，大家 D 都来上课了。　　　　　　　　　　　　（以外）

4. 这几天 A 我 B 去教室上课，别的时间都 C 在宿舍看 D 比赛。　　（除了）

5. 除了长城以外，A 别的地方 B 我 C 没 D 去过。　　（都）

六、组句　Make sentences.

1. 青岛　买　我　火车站　是　的　票　在

   _____

2. 风景　以外　优美　除了，有　有名　青岛　还　企业　很多　的

   _____

3. 去　夏天　的　避暑　那儿　很　人　多

   _____

4. 爸爸　一　企业　工作　在　合资　我　家　中韩

   _____

5. 我　喜欢　不　除了　足球　以外，别的　喜欢　都　运动

   _____

七、用括号中的结构或词语完成会话

Complete the dialogues using the expressions or words in the parentheses.

1. A：你怎么来中国的？
   B：_____。（是……的）

2. A：今天大家都来了吗？
   B：_____。（除了……（以外），……）

3. A：来中国以后你都去过哪些地方？
   B：_____。（除了……（以外），……）

4. A：你们班有多少学生？女生多吗？
   B：_____。（其中）

5. A：你为什么12月27号才回国？
   B：_____。（紧张）

八、完成会话　Complete the dialogues.

A：金大成，回来了？你是什么时候回来的？
B：_____。

A：_____？

B：不是，是坐飞机回来的。因为_____。

A：假期你都做什么了？

B：我跟爸爸妈妈到青岛避暑去了。

A：青岛_____。

B：你怎么知道？

A：我以前也去那儿玩儿过。

B：_____。

A：好啊！

九、根据实际情况回答问题 Answer the questions according to the real situation.

1. 你是怎么来北京的？

2. 来北京以后，你都去过哪些地方？

3. 在你们国家，你住在哪个城市？

4. 你住的城市有什么有名的地方？

十、综合填空 Cloze

今年暑假我跟几个朋友去海边旅行了。我们 ❶_____ 坐飞机去 ❷_____。我们就住 ❸_____ 海边的一个酒店里，我们在那儿住 ❹_____ 一个星期。❺_____ 在海滨游泳以外，我们 ❻_____ 坐船去了附近的小岛。那个小岛风景优美，但是 ❼_____ 有几家饭馆，没有住的地方。我们在那儿吃了午饭后 ❽_____ 坐船回到住的酒店了。在那儿的一个星期，我们 ❾_____ 玩儿得很开心，❿_____ 买了很多的特产。这次大家都玩儿得很愉快，明年还想一起去旅行。

16 我只好走上来了

姓名：＿＿＿＿＿＿＿＿

一、写汉字 Write the Chinese characters.

pān 盘	盘 盘 盘 盘 盘 盘 盘 盘 盘 盘
tī 梯	梯 梯 梯 梯 梯 梯 梯 梯 梯 梯
xiū 修	修 修 修 修 修 修 修 修
pá 爬	爬 爬 爬 爬 爬 爬 爬 爬
chù 处	处 处 处 处 处
gǎi 改	改 改 改 改 改 改 改
diū 丢	丢 丢 丢 丢 丢 丢
yào 钥	钥 钥 钥 钥 钥 钥 钥 钥

13

初级汉语综合教程（上）练习活页 2

shi 匙	匙 匙 匙 匙 匙 匙 匙 匙 匙 匙 匙
zhàng 账	账 账 账 账 账 账 账 账

二、组词 Make words.

例如：语：___汉语___

1. 盘：_____   2. 梯：_____

3. 处：_____   4. 室：_____

5. 本：_____   6. 经：_____

7. 门：_____   8. 同：_____

9. 匙：_____   10. 包：_____

三、填写动词 Fill verbs in the blanks.

例如：___学习___ 汉语

1. _____优盘   2. _____电梯   3. _____楼梯   4. _____书包

四、选词填空 Choose the words to fill in the blanks.

1. 我在你宿舍门口，你出_____吧。（去　　来）

2. 请您站_____，我的手帕在您的椅子上。（上来　　起来）

3. 我的同屋今天好像有约会，接了一个电话就跑_____了。（出去　　出来）

4. 咱们不要坐电梯了，走_____吧。（上去　　上来）

5. 他从书包里拿_____了一本书。（进来　　出来）

五、给括号中的词语选择适当的位置

Choose the right positions for the words in the parentheses.

1. 这些东西我要A寄B回C去D。（国）

2. 我看见他跑A下B楼C了D。（去）

3. 没有出租汽车了，我只好走A回B去C了D。（学校）

4. A我的钱B用完了，C向朋友D借钱。（只好）

六、组句　Make sentences.

1. 作业本　今天　带　我　又　了　忘

   _____

2. 上来　是　走　的　我

   _____

3. 我　上　跑　只好　手机　楼　拿　去　的　我

   _____

4. 他　同屋　学校　回　走　去　了　一起　和

   _____

七、用括号中的词语完成句子或会话

Complete the sentences or dialogues using the words in the parentheses.

1. 我忘带作业本了，_____。（只好）

2. A：你知道学习汉语的好方法吗？

   B：_____。（好处）

3. A：我又忘带钥匙了。

   B：_____。（丢三落四）

4. 我的手机坏了，_____。（修）

5. A：听说电梯坏了。

   B：_____。（上来）

八、完成会话　Complete the dialogues.

A：早上好！你怎么这么累呀？

B：电梯坏了，_____。

A：是吗？我来的时候电梯没问题，我是坐电梯上来的。

B：_____？

A：我在写作业，昨天我太累了，_____。

B：哎呀，我的作业本忘带了。怎么办呢？

A：你明天带过来吧。

B：老师会生气的。_____。

A：还有时间吗？你会迟到的。

B：那怎么办呢？

A：老师一般下午在办公室，_____。

B：好吧。

九、根据实际情况回答问题 Answer the questions according to the real situation.

1. 你们教室在几层？有电梯吗？

2. 你上楼一般是坐电梯还是爬上去？为什么？

3. 你常常丢三落四吗？你常丢什么东西？

4. 回国的时候，你打算买什么东西带回去？

十、综合填空 Cloze

上个星期妈妈❶_____电话里告诉我，她给我寄❷_____了一个包裹，里边是一些我爱吃❸_____东西，可能今天到，让我有时间的时候去邮局取❹_____。昨天一层的服务员给我打电话，让我下楼❺_____取东西，我想一定是包裹单，我高兴❻_____跑下楼去，真的是包裹单！我本来打算今天下午就去邮局，可是邮局❼_____我们学校挺远的，走❽_____要二十多分钟，❾_____坐公共汽车也不方便。看来，我❿_____去向朋友借自行车了。

第四单元（第 13-16 课）练习

姓名：_____

一、听写句子　Dictate the sentences.

1. _____

2. _____

3. _____

4. _____

5. _____

二、填字游戏　Word puzzle

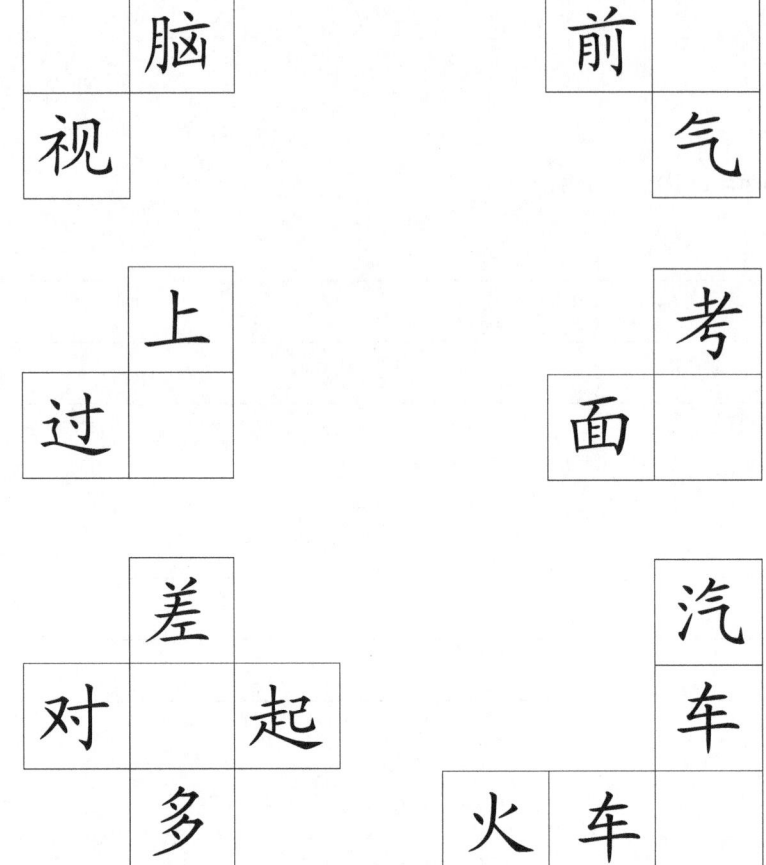

三、挑出与其他三个不同类的词语
Choose the one different from the other three words in each group.

例如：张　　王　　李　　姓　　　　　　姓

1. 后天　　夏天　　昨天　　前天　　　_____
2. 火车　　飞机　　大巴　　服务台　　_____
3. 同学　　朋友　　同事　　人员　　　_____
4. 办公室　服务台　马大哈　存包处　　_____

四、搭配连线　Match the words in the two / three columns.

1. 接　　导游　　　　　2. 记　　到　　作文
   发　　行李　　　　　　　接　　好　　时间
   取　　楼梯　　　　　　　写　　错　　朋友
   当　　朋友
   爬　　邮件

3. 坐	身体	4. 走	出	国去
带	电梯	爬	上	书来
锻炼	会议	拿	回	马路来
参观	手机	寄	过	楼去
举行	景点			

五、选词填空 Choose the words to fill in the blanks.

1. 都一点了，他还没来，我_____自己去吃饭了。
   A. 只有　　B. 只好　　C. 只要　　D. 只

2. 今天八点考试，他记_____八点半了。
   A. 住　　B. 对　　C. 错　　D. 成

3. 我们每天都应该快乐_____生活。
   A. 地　　B. 的　　C. 得　　D. 了

4. 你们以前见_____面吧？
   A. 了　　B. 过　　C. 得　　D. 地

六、组句 Make sentences.

1. 找　朋友　他　一　了　小时　个　也　找　的　他　到　没
   _____

2. 有　我　多　爱好　很，什么　游泳　的　爬山　上网　像
   _____

3. 青岛　我　同事　开会　去　一起　是　跟　的
   _____

4. 作业本　她　回　跑　又　去　宿舍　拿　了
   _____

七、用括号中的词语或结构完成会话
Complete the dialogues using the word or expressions in the parentheses.

1. A：你尝过别的国家的菜吗？
   B：_____。（像……什么的）

2. A：你为什么来中国？

　　B：_____。（是……的）

3. A：你有什么爱好？

　　B：_____。（除了……（以外），……）

4. A：你们怎么没坐电梯上来？

　　B：_____。（只好）

八、造句　Make sentences.

1. 不是……，而是……

　　_____

2. 除了……（以外），……

　　_____

3. 像……什么的

　　_____

4. 是……的

　　_____

5. 只好

　　_____

九、改错　Correct the errors.

例如：他是哪国人吗？（×）

　　　正确句子：他是哪国人？／他是美国人吗？

1. 除了长城以外，我都去过故宫、颐和园。（×）

　　正确句子：_____

2. 我吃过月饼两次。（×）

　　正确句子：_____

3. 我是跟爸爸妈妈一起去了旅行的。（×）

　　正确句子：_____

4. 同学们都走进来教室了。（×）

　　正确句子：_____

十、阅读短文，完成下列练习　Read the passage and do the following exercise.

上海是中国第一大城市，是中国最大的经济（jīngjì economics）中心。上海东西宽100公里，南北长120公里，全市陆地面积为6340.5平方公里。

上海气候湿润，5月至9月雨水较多，有春雨、梅雨、秋雨三个雨期。一年四季变化分明，春秋较短，冬夏较长。冬天约有126天，夏天约有110天，春、秋两季相加约130天。冬天不太冷，夏天不太热，一年四季都可以旅游，其中春、夏两季是最佳旅游季节。

作为文化名城，上海的历史并不是很长，但是自1843年建立以来，形成了自己的文化特色。上海的文化被称为"海派文化"，它是在中国传统文化的基础上，融合西方文化形成的。上海举办过很多国际文化活动，如国际电影节等。这里有很多文化设施，如上海大戏院、上海博物馆、上海图书馆、上海影城等。

21世纪的上海，更加现代化、国际化，尤其是世博会（EXPO）的举办，为世界各国的朋友了解上海、了解中国、了解各国文化提供了一个很好的机会。上海的明天一定会更美好！

判断正误　True or False.

1. 上海是中国最大的经济中心。　　　　　　　　　　　　　　　（　　）
2. 上海的历史很长，有很多有名的地方。　　　　　　　　　　　（　　）
3. 上海四季分明，春秋较短，冬夏较长。　　　　　　　　　　　（　　）
4. 上海一年四季都是旅游的最佳季节。　　　　　　　　　　　　（　　）
5. 上海是国际化的大城市。　　　　　　　　　　　　　　　　　（　　）

回答问题　Answer the questions.

上海的文化被称为什么文化？它是怎样形成的？

十一、作文（任选一题，120字以上）

Writing (Choose a topic to write a composition of more than 120 characters.)

1. 一件小事
2. 我的一次面试 / 打工经历

120字

240字

17 她穿着婚纱真漂亮

姓名：＿＿＿＿＿＿＿

一、写汉字 Write the Chinese characters.

hūn 婚	婚 婚 婚 婚 婚 婚 婚 婚 婚 婚
chū 初	初 初 初 初 初 初 初
nào 闹	闹 闹 闹 闹 闹 闹 闹 闹
qī 戚	戚 戚 戚 戚 戚 戚 戚 戚 戚 戚 戚
táng 糖	糖 糖 糖 糖 糖 糖 糖 糖 糖 糖 糖 糖 糖 糖
huàn 换	换 换 换 换 换 换 换 换 换
guì 跪	跪 跪 跪 跪 跪 跪 跪 跪 跪 跪 跪
pěng 捧	捧 捧 捧 捧 捧 捧 捧 捧 捧

23

shàn 扇	扇 扇 扇 扇 扇 扇 扇 扇 扇 扇
sǎn 伞	伞 伞 伞 伞 伞 伞

二、组词　Make words.

例如：语：___汉语___

1. 结：_____
2. 拍：_____
3. 从：_____
4. 听：_____
5. 闹：_____
6. 戚：_____
7. 求：_____
8. 鲜：_____
9. 开：_____
10. 扇：_____

三、填写动词　Fill verbs in the blanks.

例如：___学习___ 汉语

1. _____照片　2. _____婚礼　3. _____酒店　4. _____伞

四、选词填空　Choose the words to fill in the blanks.

1. 老师，我们一起_____吧。　　　　　　　　　（拍照　照片）
2. 今天可能会下雨，带_____伞吧。　　　　　　（个　把）
3. 电视机还开_____呢。　　　　　　　　　　　（了　着　过）
4. 服务员笑_____说："欢迎光临！"　　　　　　（了　着　过）

五、给括号中的词语选择适当的位置
Choose the right positions for the words in the parentheses.

1. A 我 B 没 C 听说过 D 那个人。　　　　　　　　　（从来）
2. 他 A 会说 B 几 C 个 D 国家的语言。　　　　　　　（好）
3. A 教室的门 B 开 C 没有 D ？　　　　　　　　　　（着）
4. 安娜 A 穿着一件 B 写着几个 C 汉字 D 衣服。　　　（的）

第17课 她穿着婚纱真漂亮

六、组句 Make sentences.

1. 她 喝 不 可乐 从来，只 矿泉水 喝

   _____

2. 旗袍 穿 欧阳兰 红色 的 着

   _____

3. 有 最近 考试，我 复习 正 着 忙 呢

   _____

4. 上午 下 一 今天 雨 场 了

   _____

七、用括号中的词语完成会话或句子
Complete the dialogues or sentence using the words in the parentheses.

1. A：你喝过青岛啤酒吗？

   B：_____。（从来）

2. A：今天咱们去哪儿吃饭？

   B：_____。（听说）

3. A：好久不见，最近忙什么呢？

   B：_____。（忙着）

4. 今天我看见李伟和欧阳兰的婚纱照了，_____

   _____。（穿着）

八、完成会话 Complete the dialogues.

A：安娜，我能看看你的照片吗？

B：好，_____。给你！

A：_____？

B：这张照片是刚来中国的时候拍的。

A：_____。

B：是啊，因为我很喜欢吃中国菜，每天都吃得很多。

A：我_____，也爱吃中国菜，所以

　 也_____。

B：我们一起减肥吧。

九、根据实际情况回答问题　Answer the questions according to the real situation.

1. 你拍过婚纱照吗？

2. 在你们国家，有没有结婚前拍婚纱照的习惯？

3. 在你们国家，结婚的时候要请亲戚朋友喝喜酒、吃喜糖吗？

4. 在你们国家，结婚的时候要穿什么？

十、综合填空　Cloze

爱子妈妈的一个朋友来中国了。上个星期六，爱子❶_____她去了老舍茶馆一❷_____。因为爱子❸_____没见过这个阿姨，所以先❹_____她打了一个电话。阿姨告诉爱子，她穿❺_____一件白色的西服，拿着一本日语书。爱子说，她打着一❻_____花伞。她们约好十点在老舍茶馆门口见面。十点，爱子到了茶馆。她看❼_____一个穿白西服❽_____阿姨站在门口，就走❾_____跟她打招呼。还没有说话，阿姨就笑❿_____问她："你是爱子吧？"她们一起在老舍茶馆喝茶、看节目，觉得很开心。

18 我把旅行箱搬到你房间了

姓名：_____

一、写汉字 Write the Chinese characters.

lǚ	旅 旅 旅 旅 旅 旅 旅 旅 旅 旅
旅	

zhuō	桌 桌 桌 桌 桌 桌 桌 桌 桌 桌
桌	

pén	盆 盆 盆 盆 盆 盆 盆 盆 盆
盆	

bǎi	摆 摆 摆 摆 摆 摆 摆 摆 摆 摆 摆
摆	

chuāng	窗 窗 窗 窗 窗 窗 窗 窗 窗 窗 窗
窗	

fú	福 福 福 福 福 福 福 福 福 福 福
福	

dào	倒 倒 倒 倒 倒 倒 倒 倒 倒 倒
倒	

zhì	置 置 置 置 置 置 置 置 置 置 置
置	

27

| wū 屋 | 屋 屋 屋 屋 屋 屋 屋 屋 屋 | | | | | | | | | | | | | | | | |

| zhuāng 装 | 装 装 装 装 装 装 装 装 装 装 装 装 | | | | | | | | | | | | | | | | |

二、**组词**　Make words.

例如：语：＿＿汉语＿＿

1. 子：＿＿＿＿＿＿　　2. 窗：＿＿＿＿＿＿

3. 星：＿＿＿＿＿＿　　4. 置：＿＿＿＿＿＿

5. 世：＿＿＿＿＿＿　　6. 收：＿＿＿＿＿＿

7. 准：＿＿＿＿＿＿　　8. 搬：＿＿＿＿＿＿

9. 光：＿＿＿＿＿＿　　10. 后：＿＿＿＿＿＿

三、**填写动词**　Fill verbs in the blanks.

例如：＿学习＿汉语

1. ＿＿＿＿＿在桌子上　　2. ＿＿＿＿＿到门上

3. ＿＿＿＿＿给朋友　　　4. ＿＿＿＿＿成人民币

四、**选词填空**　Choose the words to fill in the blanks.

> 在　到　给　成

1. 别把电视放在客厅，帮我搬＿＿＿＿＿卧室去吧。

2. 请帮我把这本书还＿＿＿＿＿大成。

3. 请大家把今天的作业都写＿＿＿＿＿书上。

4. 你想把房间布置＿＿＿＿＿什么样子？

五、**给括号中的词语选择适当的位置**

Choose the right positions for the words in the parentheses.

1. A 把 B 那本书 C 拿给 D 我吗？　　　　　　　　（可以）

2. 下午我要去 A 银行，B 美元 C 换成 D 人民币。　　（把）

3. 请不要 A 把 B 车 C 在商店 D 门口。　　　　　（放）

4. 我想把 A 爸爸妈妈 B 接 C 北京来 D 过春节。　　（到）

六、组句　Make sentences.

1. 字 我 把 "福" 在 想 贴 门 上
   _____

2. "发" 把 我 "花" 成 了 听
   _____

3. 我 不用 把 东西 的 送 打算 朋友 给
   _____

4. 放 把 想 地方 到 电脑 什么 你
   _____

七、用括号中的词语或结构完成句子或会话

Complete the sentences or dialogues using the words or expression in the parentheses.

1. 听说你明天要参加一个面试，_____？（准备）

2. 明天我朋友要来我家，_____。（收拾）

3. A：新年快到了！
   B：_____。（布置）

4. A：昨天的电影好看吗？
   B：_____。（以为）

5. A：今天下午你打算做什么？
   B：_____。

（先……，再……，然后……，最后……）

八、用"把"字句完成会话　Complete the dialogues using the "把" - Sentence.

A：你找什么呢？
B：我的优盘不见了。
A：你用完以后一般放在什么地方？
B：_____。

A：今天呢？

B：_____。

A：借没借给别人？

B：_____。

A：今天在教室用过没有？

B：用过。对了，_____。

九、根据实际情况回答问题　Answer the questions according to the real situation.

如果你有一个房间，你打算怎么布置？

十、综合填空　Cloze

李伟和欧阳兰❶_____结婚了，朋友们正忙❷_____帮他们布置举行婚礼的大厅。他们先准备❸_____很多东西，"红双喜"字、喜糖、喜酒、鲜花等等。❹_____，他们把"红双喜"字❺_____在墙上，把喜酒❻_____在每个桌子上，把喜糖❼_____到红色的小盒子里，在每个客人的前面放一个。鲜花呢，他们把鲜花摆❽_____了一个很大的"爱"字。❾_____，他们把一张桌子❿_____到了门口，请来的客人签字（qiān//zì to sign one's name）。

19 那边走过来一个人

姓名：_____

一、写汉字 Write the Chinese characters.

dì	递 递 递 递 递 递 递 递 递 递
huò	货 货 货 货 货 货 货 货 货
gòu	购 购 购 购 购 购 购 购
wù	物 物 物 物 物 物 物
qiān	签 签 签 签 签 签 签 签 签 签 签 签
guì	柜 柜 柜 柜 柜 柜 柜 柜
pū	铺 铺 铺 铺 铺 铺 铺 铺 铺 铺 铺
bīng	冰 冰 冰 冰 冰 冰

xiāng 箱	箱 箱 箱 箱 箱 箱 箱 箱 箱 箱 箱 箱 箱 箱 箱
shā 沙	沙 沙 沙 沙 沙 沙 沙

二、组词 Make words.

例如：语：____汉语____

1. 递：_____   2. 单：_____

3. 共：_____   4. 票：_____

5. 查：_____   6. 床：_____

7. 灯：_____   8. 架：_____

9. 柜：_____   10. 桌：_____

三、填写动词 Fill verbs in the blanks.

例如：__学习__ 汉语

1. _____快递   2. _____房间   3. _____箱子   4. _____床单

四、选词填空 Choose the words to fill in the blanks.

1. 你现在才走，可能_____了。　　　　　　　　（来得及　　来不及）

2. 楼上跑_____几个学生。　　　　　　　　　　（下来　　　上去）

3. 墙上_____着很多中国画。　　　　　　　　　（铺　　　　挂）

4. 他怀里_____着很多书。　　　　　　　　　　（抱　　　　拿）

五、给括号中的词语选择适当的位置

Choose the right positions for the words or phrase in the parentheses.

1. 我看到 A 他怀 B 抱着 C 一个大箱子 D。　　　　　　　　（里）

2. A 我 B 花了三百五十块 C 钱 D。　　　　　　　　　　　（一共）

3. A 窗台上 B 摆 C 一盆花 D。　　　　　　　　　　　　　（着）

4. 我们 A 还 B 没 C 给爱子 D 打电话呢！　　　　　　　　（来得及）

第19课 那边走过来一个人

六、组句 Make sentences.

1. 人 一 个 那边 过来 走 了
   _____

2. 床 铺 上 一 床单 条 着 新
   _____

3. 我们 几 同学 来 又 班 了 个 新
   _____

4. 挂 我们 一 上 着 墙 张 全 照片 的 家
   _____

5. 那 走 楼 座 搬 了 家 一 人 里
   _____

七、用括号中的结构或词语完成会话或句子
Complete the dialogues or sentence using the words or phrases in the parentheses.

1. A：现在几点了？
   B：_____，_____。（来得及）

2. 都八点了，_____。（来不及）

3. A：这张画放在哪儿？
   B：_____。（挂）

4. A：老师，我已经做完了。
   B：还有十分钟呢，_____。（检查）

八、完成会话 Complete the dialogues.

A：金大成，你在这儿干什么呢？
B：_____。
A：你又在网上买东西了？
B：对呀！_____。
A：_____，是不是给你送快递的？
B：可能是。你是送快递的吗？
C：是。_____？

B：我是金大成。

C：这是您买的东西，_____。

B：好，发票呢？

C：在这儿，_____。

B：谢谢你！

C：不客气！

九、根据实际情况回答问题 Answer the questions according to the real situation.

1. 你平时在网上买东西吗？

2. 你觉得在网上购物和在商店购物有什么不同？

3. 在网上购物需要注意什么？

4. 你的房间怎么样？请你介绍一下你的房间。

十、综合填空 Cloze

我来北京两个多月❶_____，汉语说❷_____很好，老师和同学们❸_____我都很热情，❹_____有时候我还是很想家。昨天，我去上课，走进教室后就看到黑板上写❺_____几个大字——祝你生日快乐。老师说："今天是爱子的生日，班长代表大家❻_____她买了一个生日蛋糕，我们一起给她唱生日歌，祝她生日快乐吧。"同学们还送❼_____我一张漂亮的生日卡，上面写❽_____很多有意思的话。晚上，我的日本朋友在酒吧给我开了个生日晚会，我高兴极了。❾_____我不在日本，❿_____我过了一个非常难忘的生日。

20 我把桌子和椅子都摆好了

姓名：_____

一、写汉字 Write the Chinese characters.

pú 葡	葡 葡 葡 葡 葡 葡 葡 葡 葡 葡 葡 葡
táo 萄	萄 萄 萄 萄 萄 萄 萄 萄 萄 萄 萄
má 麻	麻 麻 麻 麻 麻 麻 麻 麻 麻 麻 麻
fán 烦	烦 烦 烦 烦 烦 烦 烦 烦 烦 烦
xū 需	需 需 需 需 需 需 需 需 需 需 需 需 需
táo 桃	桃 桃 桃 桃 桃 桃 桃 桃 桃 桃
sī 丝	丝 丝 丝 丝 丝
guō 锅	锅 锅 锅 锅 锅 锅 锅 锅 锅 锅

35

rè 热	热 热 热 热 热 热 热 热 热 热												

cù 醋	醋 醋 醋 醋 醋 醋 醋 醋 醋 醋 醋 醋 醋												

二、组词　Make words.

例如：语：＿＿＿汉语＿＿＿

1. 萄：＿＿＿＿＿＿＿　　　2. 外：＿＿＿＿＿＿＿

3. 椅：＿＿＿＿＿＿＿　　　4. 帮：＿＿＿＿＿＿＿

5. 烦：＿＿＿＿＿＿＿　　　6. 需：＿＿＿＿＿＿＿

7. 客：＿＿＿＿＿＿＿　　　8. 土：＿＿＿＿＿＿＿

9. 法：＿＿＿＿＿＿＿　　　10. 味：＿＿＿＿＿＿＿

三、填写动词　Fill verbs in the blanks.

例如：＿＿学习＿＿汉语

1. ＿＿＿＿＿＿外卖　　　2. ＿＿＿＿＿＿沙拉

3. ＿＿＿＿＿＿土豆丝　　4. ＿＿＿＿＿＿椅子

四、选词填空　Choose the words to fill in the blanks.

1. 葡萄酒买＿＿＿＿＿＿了。　　　　　　　　（回去　　回来）

2. 我把那些水果做＿＿＿＿＿沙拉了。　　　　（成　　　　好）

3. 请大家把本子拿＿＿＿＿＿，准备听写。　　（上来　出来　起来）

五、给括号中的词语选择适当的位置

Choose the right positions for the words in the parentheses.

1. 我 A 去 B 椅子 C 搬 D 过来。　　　　　　　（把）

2. A 书已经 B 还 C 图书馆 D 了。　　　　　　（给）

3. 麻烦 A 你 B 把这些葡萄 C 洗 D。　　　　　（一下）

4. 我 A 还 B 把桌子和椅子 C 摆 D 好。　　　　（没）

六、组句　Make sentences.

1. 递　词典　把　我　请　给
   _____

2. 了　把　干净　我　洗　葡萄
   _____

3. 我　取　包裹　把　回来　去
   _____

4. 布置　把　我们　很　房间　漂亮　得
   _____

七、用括号中的词语完成会话
Complete the dialogues using the words in the parentheses.

1. A：你知道金大成去哪儿了吗？
   B：今天杰克搬家，_____。（帮忙）

2. A：我能帮你做点儿什么？
   B：_____。（麻烦）

3. A：我怎样才能把汉语学好呢？
   B：_____。（需要）

4. A：这个周末你打算做什么？
   B：_____。（做客）

八、完成会话　Complete the dialogues.

A：房间收拾好了没有？
B：_____。
A：这张桌子有点儿脏。
B：_____。
A：好吧，你擦桌子，我_____，过一会儿把桌布铺在桌子上。
B：这把椅子放在哪儿好？
A：_____。
B：现在房间比以前干净多了。

九、根据实际情况回答问题 Answer the questions according to the real situation.

1. 你常常收拾房间吗?

2. 你每天都做什么家务（jiāwù housework）?

3. 房间里太热了，你会怎么办?

4. 你会做什么菜？能不能告诉大家怎么做?

5. 你搬过家没有？搬家前你会做哪些准备?

十、综合填空 Cloze

上个周末我的中国朋友❶_____我去他家做客。我带了一瓶葡萄酒去了。朋友的父母很热情，做❷_____很多菜，我都很爱吃。其中三鲜饺子是我❸_____爱吃的。我平时不会做饭，不过我的中国朋友告诉我做三鲜饺子❹_____简单。可以去超市买冷冻的三鲜饺子，回家后在锅里放一些水，❺_____水烧开。等水开以后，❻_____冷冻的饺子放进锅里去，然后开大火。等水开以后，把一碗凉水倒进锅里，等水开❼_____，再倒一❽_____凉水，就这样，一共倒三次凉水。等水开了三次以后，好吃的饺子就做❾_____了。原来做饺子❿_____做方便面一样简单。

第五单元（第 17-20 课）练习

姓名：_____

一、听写句子　Dictate the sentences.

1. _____

_____

_____

2. _____

_____

_____

3. _____

_____

_____

4. _____

_____

_____

5. _____

_____

_____

初级汉语综合教程（上）练习活页2

二、填字游戏　Word puzzle

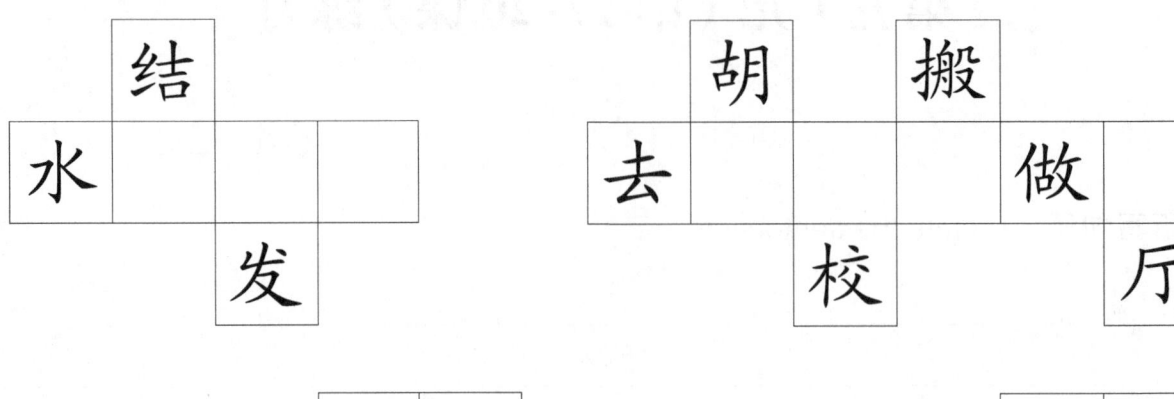

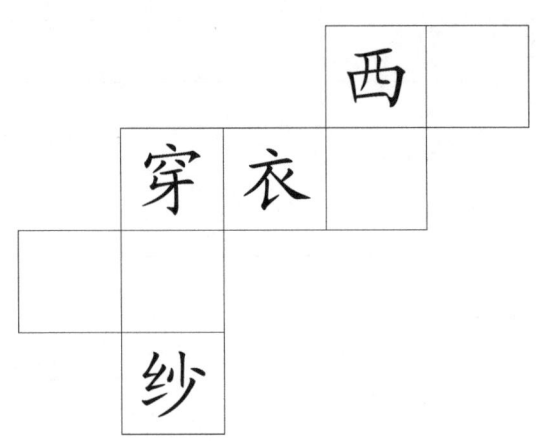

三、挑出与其他三个不同类的词语
Choose the one different from the other three words in each group.

例如：　张　　　王　　　李　　　姓　　　　　　　　　姓

1. 下雨　　　婚礼　　　喜糖　　　鲜花　　　　　　_____
2. 摆　　　　贴　　　　锅　　　　切　　　　　　　_____
3. 衣柜　　　台灯　　　沙发　　　餐桌　　　　　　_____
4. 沙拉　　　樱桃　　　土豆　　　味道　　　　　　_____

四、搭配连线　Match the words or expressions on the left with those on the right.

1. 举行　　　酒店　　　　　　　2. 一张　　　杂志
　 喝　　　　桌布　　　　　　　　 一瓶　　　山水画
　 订　　　　字　　　　　　　　　 一幅　　　购物单
　 搬　　　　沙拉　　　　　　　　 一台　　　葡萄酒
　 签　　　　婚礼　　　　　　　　 一本　　　电脑
　 拌　　　　家　　　　　　　　　 一把　　　扇子
　 铺　　　　土豆丝
　 炒　　　　喜酒

40

3. 把车　　　　　　切成丝
   把"福"字　　　　拌好
   把土豆　　　　　铺上
   把沙拉　　　　　开到楼下
   把桌布　　　　　贴在门上

五、选词填空 Choose the words to fill in the blanks.

1. 结婚要_____亲戚朋友吃喜糖。
   A. 打算　　B. 请　　C. 想　　D. 送

2. 每天下课以后我都要复习_____几个小时。
   A. 多　　B. 很　　C. 真　　D. 好

3. 搬家公司已经把车开_____楼下了。
   A. 到　　B. 在　　C. 给　　D. 成

4. 那边开_____一辆出租车，咱们就坐这辆吧。
   A. 过去　　B. 进来　　C. 回来　　D. 过来

六、组句 Make sentences.

1. 婚礼　过　中国人　从来　的　参加　没　我
   _____

2. 东西　朋友　把　送　不用　我　的　打算　给
   _____

3. 吧　你　张　这　帮　桌子　我　搬　把　出去
   _____

4. 布置　房间　她　漂亮　得　的　很
   _____

七、用括号中的结构或词语完成会话或句子

Complete the dialogues or sentence using the expressions or words in the parentheses.

1. A：你房间的墙上怎么布置的？
   B：_____。（V+着）

2. A：来中国以后，你在网上买过东西吗？
   B：_____。（从来）

3. 我妈妈明天来看我，_____。（把）

4. A：考完试以后你打算做什么？

　　B：_____。

　　　　　　　　　　　　　　　　（先……，再……，然后……，最后……）

八、造句　Make sentences.

1. 从来

　_____

2. 来得及

　_____

3. V + 着

　_____

4. 把

　_____

九、改错　Correct the errors.

例如：他是哪国人吗？（×）

　　　正确句子：<u>他是哪国人？／他是美国人吗？</u>

1. 我从来锻炼身体。（×）

　　正确句子：_____

2. 我把"白头到老"写到"百头到老"了。（×）

　　正确句子：_____

3. 桌子上放一台笔记本电脑。（×）

　　正确句子：_____

4. 我要把水果洗。（×）

　　正确句子：_____

5. 酒店还没来不及订呢。（×）

　　正确句子：_____

十、阅读短文，完成下列练习　Read the passage and do the following exercises.

我朋友是一个画家，他住在一栋高楼的顶层，是一套三室一厅的房子。

一进门，是一个布置得很漂亮的小柜子，上边放着各种各样的工艺品，这些都是他生活的记录、旅行的纪念。小柜子上面挂着一幅油画：蓝蓝的天空下，一片金色的树林，就像主人一样，到了成熟的季节。

客厅是一家人活动的地方。舒适的布沙发，围着一套家庭影院，四周有一些绿色植物。休息时，看看电视、听听音乐，生活就像朋友画里的人和物一样，一片祥和。

三个房间门对着门，中间有一个三米长的过道。朋友把这里布置成一个画廊。明亮的射灯、大大小小的画框，让人在平常的生活中，处处感受到艺术的美。

家里最安静的地方，是朋友的画室。虽然只有10平米，却安排得井井有条。靠墙的两个大书架里，放满了书和画册，还有朋友收集的音乐CD。一张小桌，方方正正，刚好用来写字看书。为了利用空间，这张小桌设计得非常巧妙，一头固定在书桌上，一头设计了一个挂钩，要在墙上做大画儿时，就可以将书桌挂在书架上，空出一块自由天地。

朋友希望将来能住在一个有小桥流水、有山石草木的地方。他希望有一个30平米的大画室，在那里，听着轻轻的音乐，画画儿、看书。

选择正确答案 Choose the correct answers.

1. 走进朋友的家，首先看到的是： （ ）
   A. 三室一厅　　　　　　B. 放着工艺品的小柜子
   C. 舒适的布沙发　　　　D. 画廊

2. 绿色植物主要摆放在什么地方？ （ ）
   A. 一进门的地方　　　　B. 三米长的过道
   C. 客厅　　　　　　　　D. 画室

3. 小柜子上面挂的油画画的是什么季节？ （ ）
   A. 春天　　　B. 夏天　　　C. 秋天　　　D. 冬天

4. 关于朋友的画室，下面哪种说法是错的？ （ ）
   A. 很安静　　B. 东西很少　　C. 不大　　　D. 书桌很特别

5. 下面哪个可能不是朋友的爱好？ （ ）
   A. 跳舞　　　B. 听音乐　　　C. 读书　　　D. 画画儿

回答问题 Answer the question.

朋友画室的书桌是怎么设计的？

十一、作文（任选一题，120字以上）

Writing (Choose a topic to write a composition of more than 120 characters.)

1. 我的房间

2. 一次婚礼

120字

240字

21 我一点儿也看不出来

姓名：_____

一、写汉字 Write the Chinese characters.

chǔ	楚 楚 楚 楚 楚 楚 楚 楚 楚 楚 楚 楚 楚
楚	
yǎn	演 演 演 演 演 演 演 演 演 演 演 演
演	
xì	戏 戏 戏 戏 戏 戏
戏	
huà	画 画 画 画 画 画 画 画
画	
liǎn	脸 脸 脸 脸 脸 脸 脸 脸 脸 脸 脸
脸	
pǔ	谱 谱 谱 谱 谱 谱 谱 谱 谱 谱 谱 谱
谱	
zòu	奏 奏 奏 奏 奏 奏 奏 奏 奏
奏	
yīng	英 英 英 英 英 英 英 英
英	

45

mù 幕	幕 幕 幕 幕 幕 幕 幕 幕 幕 幕 幕 幕 幕
cāi 猜	猜 猜 猜 猜 猜 猜 猜 猜 猜 猜 猜

二、组词　Make words.

例如：语：___汉语___

1. 演：_____　　　　　　2. 海：_____

3. 爱：_____　　　　　　4. 故：_____

5. 动：_____　　　　　　6. 代：_____

7. 格：_____　　　　　　8. 奏：_____

9. 幕：_____　　　　　　10. 倒：_____

三、填写动词　Fill verbs in the blanks.

例如：___学习___ 汉语

1. _____ 演出　　　　　　2. _____ 主角

3. _____ 画儿　　　　　　4. _____ 意思

四、选词填空　Choose the words to fill in the blanks.

1. 这本书里的_____很有意思。　　　　（演员　　人物）

2. 屋子里很黑，我看_____见。　　　　（得　　不）

3. 你写得太乱了，我看不_____。　　　（见　　清楚）

4. 大夫说了，你这几天_____玩儿。　　（不能出去　出不去）

五、给括号中的词语选择适当的位置　Choose the right positions for the words in the parentheses.

1. 安娜 A 天假 B 也 C 没 D 请过。　　　　　　　　　（一）

2. 你 A 一点儿 B 不 C 胖，D 不用减肥。　　　　　　（也）

3. 我 A 没 B 带钥匙，C 进 D 去。　　　　　　　　　　（不）

4. 这本书 A 书店里 B 还有很 C 多，买 D 到。　　　　（得）

六、组句　Make sentences.

1. 也　我　一点儿　家里　没有　吃的　了

   _____

2. 我　他　不　意思　猜　的　出来

   _____

3. 字　看　清楚　的　你　得　看　黑板上　清楚　不

   _____

4. 一个　不　找　他　朋友　也　到

   _____

七、用括号中的结构或词语完成会话

Complete the dialogues using the expressions or words in the parentheses.

1. A：安娜，你去过老舍茶馆吗？

   B：_____。

   （一……也不 / 没……）

2. A：你买到票了吗？

   B：买到了，不过_____。（倒数）

3. A：你们班同学都去过长城吗？

   B：_____。（大部分）

4. A：咱们班得有一个人参加汉语书法比赛。

   B：爱子的汉字写得最漂亮，_____。（代表）

八、完成会话　Complete the dialogues.

A：喂，是爱子吗？我是大成。

B：喂，你是谁？_____，_____。

A：喂，我是大成，现在听得清楚吗？

B：大成啊。找我有什么事儿？

A：_____？我想请你去看电影。

B：对不起，_____。明天怎么样？

A：明天星期二，电影半价，看电影的人很多，我担心_____。

B：那就星期三吧。

A：好，到时候我给你打电话。

九、根据实际情况回答问题 Answer the questions according to the real situation.

1. 你在自己国家看过什么演出？在中国呢？

2. 你看过京剧吗？是在电视上看的还是在剧院里看的？

3. 你听得懂京剧吗？

4. 你喜欢看爱情片还是武打片？

十、综合填空 Cloze

我❶_____现在很多中国年轻人不太喜欢看京剧。他们觉得，大部分京剧的内容都是很久很久以前的故事，❷_____现在的生活很远；❸_____也太慢，有时候很长时间❹_____能听完一句。但是我觉得，京剧是中国❺_____文化的代表，它的服装和动作都很美，演员唱❻_____也很好听。❼_____这些以外，还有脸谱，不同❽_____的人物有不同的脸谱，非常有意思。我希望以后能❾_____汉语学得更好，自己能看❿_____懂京剧。

22 我想一放假就回国

姓名：＿＿＿＿＿＿＿

一、写汉字 Write the Chinese characters.

huà 划	划 划 划 划 划 划
jué 决	决 决 决 决 决 决
sú 俗	俗 俗 俗 俗 俗 俗 俗 俗
lǔ 鲁	鲁 鲁 鲁 鲁 鲁 鲁 鲁 鲁 鲁 鲁 鲁
yuè 粤	粤 粤 粤 粤 粤 粤 粤 粤 粤 粤 粤 粤
zú 族	族 族 族 族 族 族 族 族 族 族
hán 寒	寒 寒 寒 寒 寒 寒 寒 寒 寒 寒 寒 寒
shí 实	实 实 实 实 实 实 实 实

yuàn 愿	愿 愿 愿 愿 愿 愿 愿 愿 愿 愿 愿 愿
wàng 望	望 望 望 望 望 望 望 望 望 望

二、组词 Make words.

例如：语：___汉语___

1. 假：_____ 2. 计：_____
3. 堂：_____ 4. 定：_____
5. 丽：_____ 6. 话：_____
7. 菜：_____ 8. 现：_____
9. 自：_____ 10. 馆：_____

三、填写动词 Fill verbs in the blanks.

例如：___学习___ 汉语

1. _____ 计划   2. _____ 父母   3. _____ 家   4. _____ 愿望

四、选词填空 Choose the words to fill in the blanks.

> 连……都……   一……就……

1. 妈妈总是_____看_____能猜出我在想什么。
2. 这个中国电影很有名，_____外国人_____看过。
3. 刚来中国的时候我_____一句汉语_____听不懂。
4. 她总是_____下班_____去买菜。

五、给括号中的词语选择适当的位置

Choose the right positions for the words in the parentheses.

1. 你 A 听说 B 过 C 这个女演员吗？   （没）
2. 他没有 A 告诉我，我 B 会 C 知道 D？   （怎么）
3. 我 A 连房子都 B 没有，C 结 D 婚？   （什么）
4. 你 A 都病 B 了，还 C 玩儿 D？   （什么）
5. 我们 A 应该为 B 他们做 C 点儿 D。   （什么）
6. 我也想 A 利用寒假 B 去 C 玩儿玩儿 D。   （哪儿）

六、**组句** Make sentences.

1. 我 火车票 连 订 的 都 去 好 九寨沟 了
   _____

2. 踢 下课 我 一 去 就 打算 足球
   _____

3. 旅行 已经 我 桂林 去 了 决定
   _____

4. 什么时候 我 想 看看 一直 去 黄山
   _____

5. 我 的 实现 愿望 了 自己
   _____

6. 年 家 了 半 离开, 国 我 想 怎么 不 回
   _____

七、**用括号中的结构或词语完成会话**

Complete the dialogues using the expressions or words in the parentheses.

1. A：你一般什么时候做作业？
   B：_____。（一……就……）

2. A：你认识这个演员吗？
   B：认识，这个演员很有名，_____。
   （连……都/也……）

3. A：刚来中国的时候你会说汉语吗？
   B：_____。（连……都/也……）

4. A：我们明天出去玩儿吧。
   B：_____。（再说）

5. A：桂林的风景美吗？
   B：当然，_____。（俗话）

八、**完成会话** Complete the dialogues.

A：快放暑假了，你有什么计划？
B：我还没有决定，我又想回国，又想去哪儿玩儿玩儿。_____？
A：我想去旅行。
B：_____？
A：内蒙古草原（Nèiměnggǔ cǎoyuán grasslands in Inner Mongolia）。
B：_____？

A：那儿的风景非常美，少数民族的风俗很有意思。
B：_____？
A：坐火车去。
B：_____？
A：大概要十多个小时，不过坐火车可以看风景。
B：_____？
A：一放假就去。
B：_____？
A：一个星期。我们一起去吧！然后你再回国。
B：让我想想。
A：_____。

九、根据实际情况回答问题　Answer the questions according to the real situation.

1. 你们什么时候放假？你有什么假期计划？

2. 你去过中国的哪些地方？你觉得哪个地方风景最美？

3. 你喜欢吃中国哪个地方的菜？最喜欢吃的菜是什么？

4. 你知道中国的哪几个少数民族？他们有什么风俗？

十、综合填空　Cloze

我们准备下个月去杭州旅行，是坐飞机去 ❶_____ 坐火车去好呢？我们还没有 ❷_____。坐飞机快，大概只要两个 ❸_____ 小时；坐火车要十几个小时，❹_____ 飞机票比较贵。我朋友说，现在买机票 ❺_____ 打折，打折后机票 ❻_____ 火车的软卧（ruǎnwò soft sleeper）票价钱差不多。❼_____ 我们打算坐飞机去，那怎么买机票方便呢？可以找旅行社预订，可以上网预订，❽_____ 可以去航空售票处买。我们决定找旅行社订票，❾_____ 旅行社可以免费（miǎnfèi free of charge）送票。我们想让他们 ❿_____ 机票送过来。

23 他被撞倒了

姓名：＿＿＿＿＿＿＿

一、写汉字 Write the Chinese characters.

bèi 被	被 被 被 被 被 被 被 被 被 被
fá 罚	罚 罚 罚 罚 罚 罚 罚 罚 罚
huáng 黄	黄 黄 黄 黄 黄 黄 黄 黄 黄 黄 黄
pái 牌	牌 牌 牌 牌 牌 牌 牌 牌 牌 牌 牌
cái 裁	裁 裁 裁 裁 裁 裁 裁 裁 裁 裁 裁
pàn 判	判 判 判 判 判 判 判
shè 射	射 射 射 射 射 射 射 射 射
ài 唉	唉 唉 唉 唉 唉 唉 唉 唉 唉 唉

yíng 赢	赢 赢 赢 赢 赢 赢 赢 赢 赢 赢 赢 赢 赢 赢 赢 赢

tuǐ 腿	腿 腿 腿 腿 腿 腿 腿 腿 腿 腿 腿 腿

二、组词　Make words.

例如：语：____汉语____

1. 结：_____　　　　2. 牌：_____
3. 锋：_____　　　　4. 判：_____
5. 射：_____　　　　6. 惜：_____
7. 加：_____　　　　8. 赛：_____
9. 梦：_____　　　　10. 成：_____

三、填写动词　Fill verbs in the blanks.

例如：__学习__ 汉语

1. _____球　2. _____足球队　3. _____明星　4. _____决赛

四、选词填空　Choose the words to fill in the blanks.

1. 快过新年了，我_____想家了！　　　　　　　　　　（可　　挺）
2. 一位老奶奶被自行车撞_____了，不过没被撞_____。（伤　　倒）
3. 我踢球的时候_____踢伤了，大家_____我送到了医院。（被　　把）
4. 红队一共_____罚了一张红牌、三张黄牌。　　　　　（被　叫　让）
5. 医生说，我伤得很_____。　　　　　　　　　　　　（严重　　重要）
6. 欢迎你_____再来。　　　　　　　　　　　　　　　（以后　　后来）

五、给括号中的词语选择适当的位置

Choose the right positions for the words in the parentheses.

1. 过春节 A 的时候 B 北京可 C 热闹 D！　　　　　　　　　　（了）
2. 他 A 裁判 B 罚 C 下去 D 了。　　　　　　　　　　　　　　（叫）

第23课　他被撞倒了

3. 他 A 是 B 七号 C 撞 D 倒的。　　　　　　　　　　（被）

4. 你要的书 A 被 B 别人 C 借走 D 了。　　　　　　　（可能）

5. 他 A 就 B 想 C 当导游 D。　　　　　　　　　　　（从小）

六、组句　Make sentences.

1. 放　自行车　了　我　在　宿舍　被　楼下

_____

2. 我　电影　希望　一　明星　成为　个

_____

3. 冬天　北京　可　了　的　冷

_____

4. 被　旅行箱　您　错　可能　的　别人　拿　了

_____

七、用括号中的词语或结构完成会话

Complete the dialogues using the words or expression in the parentheses.

1. A：这次比赛你们赢了吗？
   B：_____。（可惜）

2. A：你的自行车呢？
   B：_____。（被）

3. A：金大成怎么了？
   B：_____。（让）

4. A：你看，七号下去了。
   B：_____。（叫）

5. A：今天天气怎么样？
   B：_____！（可……了）

八、完成会话　Complete the dialogues.

A：你好，金大成，你现在是咱们学校的足球明星了。你是什么时候开始喜欢踢足球的？
B：_____。

A：听说你以前想当职业足球运动员，怎么又来中国学习汉语了呢？

B：_____。

A：来北京以后，你一直踢球吗？

B：_____。

A：你们的足球队是什么时候成立的？

B：_____。

A：这次参加比赛，你感觉怎么样？

B：_____。

A：以后有什么打算吗？

B：_____。

A：谢谢你回答我的问题，希望你们球队越来越好。

B：_____。

九、根据实际情况回答问题　Answer the questions according to the real situation.

1. 你喜欢什么体育运动？

2. 你踢过足球吗？喜欢看足球比赛吗？你喜欢哪些足球队或者足球队员？

3. 你的梦想是什么？你做过什么努力吗？

十、综合填空　Cloze

最近真倒霉（dǎoméi to have bad luck）！上周我从国外回来，上飞机的时候旅行箱超重了，被❶_____了几百块钱。下了飞机，旅行箱又❷_____拿错了，找了好几天才找❸_____。周末，我和朋友去踢球，先是我被别人撞❹_____了，❺_____，我又❻_____别人的腿踢伤了，裁判给❼_____我一❽_____红牌。今天想骑车出去逛逛，下楼❾_____发现车被偷走了。想去看场电影，电影票又卖❿_____了。你说我倒霉不倒霉？

24 想去哪儿就去哪儿

姓名：_____

一、写汉字 Write the Chinese characters.

qī 期	期 期 期 期 期 期 期 期 期 期 期 期
gǎn 敢	敢 敢 敢 敢 敢 敢 敢 敢 敢 敢 敢
zhù 祝	祝 祝 祝 祝 祝 祝 祝 祝 祝
tán 谈	谈 谈 谈 谈 谈 谈 谈 谈 谈 谈
qù 趣	趣 趣 趣 趣 趣 趣 趣 趣 趣 趣 趣 趣 趣
gǎn 感	感 感 感 感 感 感 感 感 感 感
fān 翻	翻 翻 翻 翻 翻 翻 翻 翻 翻 翻 翻 翻 翻 翻 翻 翻
yì 译	译 译 译 译 译 译 译

xiǎng 响	响 响 响 响 响 响 响 响								

jiāng 将	将 将 将 将 将 将 将 将 将								

二、组词 Make words.

例如：语：____汉语____

1. 期：_____ 2. 步：_____

3. 答：_____ 4. 庆：_____

5. 语：_____ 6. 认：_____

7. 外：_____ 8. 译：_____

9. 响：_____ 10. 将：_____

三、填写动词 Fill verbs in the blanks.

例如：__学习__ 汉语

1. _____菜   2. _____书法   3. _____问题   4. _____影响

四、选词填空 Choose the words to fill in the blanks.

1. 你只有坚持练习，_____能写好汉字。 （才　　就）

2. 我_____在北京，就一定参加你的婚礼。 （只有　　只要）

3. 他喜欢太极拳是_____老师的影响。 （受　　被）

4. 谁来做这个_____？ （问题　　题）

五、给括号中的词语选择适当的位置

Choose the right positions for the words in the parentheses.

1. 我 A 喜欢 B 中国菜，C 是 D 烤鸭。 （尤其）

2. 我们 A 努力，B 才能 C 取得 D 好成绩。 （只有）

3. 只要 A 你们 B 去，C 我 D 一定去。 （就）

4. 你 A 还 B 记得 C 睡觉 D 说的话吗？ （之前）

5. 他 A 还给 B 了 C 我一些 D 英文书。 （另外）

六、组句　Make sentences.

1. 时候　刚　北京　的　来，我　不　去　敢　也　哪儿
   _____

2. 努力　只要　学习，能　汉语　学　一定　就　好
   _____

3. 老师　吃　想　什么，什么　我们　吃　就
   _____

4. 从小　我　对　就　兴趣　感　汉语
   _____

5. 我　影响　朋友　受　的，来　汉语　中国　学习　了　也
   _____

七、用括号中的结构完成会话
Complete the dialogues using the expressions in the parentheses.

1. A：你认为怎样才能学好汉语？
   B：_____。（只要……，就……）

2. A：你认为怎样才能学好汉语？
   B：_____。（只有……，才……）

3. A：刚来中国的时候你有朋友吗？
   B：没有，_____。（谁……都……）

4. A：我什么时候可以去你家玩儿？
   B：_____。（什么……都……）

5. A：你想怎么去九寨沟旅行？
   B：我没有钱，_____。（怎么……怎么……）

6. A：周末你去哪儿玩儿？
   B：我不喜欢人多的地方，_____。（哪儿……哪儿……）

八、完成会话　Complete the dialogues.

A：这个学期就要结束了。
B：是啊，_____，很多内容我还没复习呢。

A：没问题，_____。

B：你的汉语也越来越好了。

A：刚来北京的时候，_____。

B：是啊，现在_____。

A：考完试以后，_____。

B：好！

九、根据实际情况回答问题 Answer the questions according to the real situation.

1. 你认为自己的汉语有进步吗？有哪些进步？

2. 你觉得汉语什么最难学？

3. 你觉得怎样才能学好汉语？

4. 你毕业以后想做什么工作？

十、综合填空 Cloze

我学汉语学❶_____一年多❷_____，原来我觉得汉语很难，但是❸_____学❹_____觉得有意思。刚来北京的时候，我的汉语听力不太好，虽然上课听❺_____懂，但是下课后，跟中国人说话就听❻_____懂了，所以❼_____也不敢去，❽_____也不敢说。现在跟中国人聊天儿的时候，我差不多都能听懂了，所以想说❾_____就说什么，想去哪儿就去哪儿。所以，我要告诉大家，汉语一点儿❿_____不难学，只要你努力。

第六单元（第 21-24 课）练习

姓名：_____

一、听写句子　Dictate the sentences.

1. _____

2. _____

3. _____

4. _____

5. _____

二、填字游戏　Word puzzle

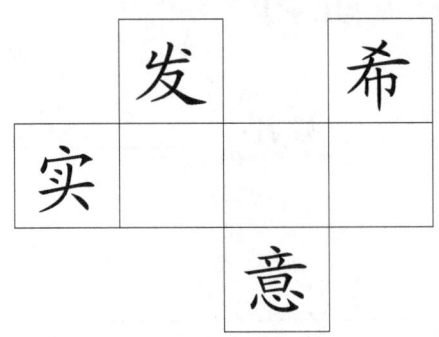

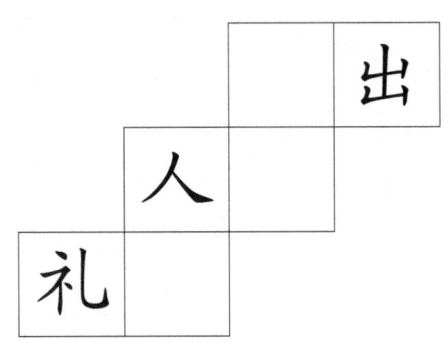

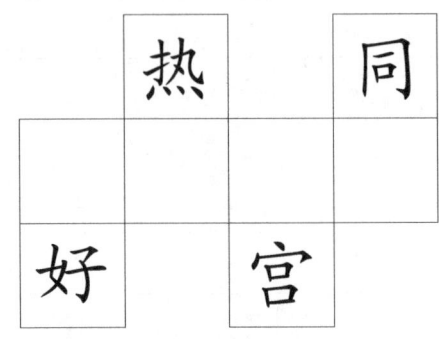

三、挑出与其他三个不同类的词语

Choose the one different from the other three words in each group.

例如：张　　王　　李　　姓　　　　　　　　　姓

1. 被　　叫　　让　　敢　　　　　　　　　＿＿＿＿
2. 猜　　罚　　排　　撞　　　　　　　　　＿＿＿＿
3. 比分　裁判　决赛　毕业　　　　　　　　＿＿＿＿
4. 学期　演出　主角　海报　　　　　　　　＿＿＿＿

四、搭配连线　Match the words or expressions on the left with those on the right.

1. 画　　　　愿望　　　　　2. 踢　　　　黄山
   参加　　　脸谱　　　　　　成立　　　足球
   实现　　　书法　　　　　　买　　　　球队
   练　　　　决赛　　　　　　去　　　　机票

3. 一张　　　座位　　　　　4. 只要你喜欢　　就做作业
   一排　　　演员　　　　　　只有努力　　　也没吃过
   一家　　　海报　　　　　　连小孩子　　　就买
   一位　　　宾馆　　　　　　一次烤鸭　　　才能学好汉语
   一条　　　决赛　　　　　　一回宿舍　　　都知道
   一场　　　路线

五、选词填空 Choose the words to fill in the blanks.

1. 我_____爸爸的影响对京剧很感兴趣。
　　A. 被　　　　B. 让　　　　C. 给　　　　D. 受

2. 这本书太难了，我_____。
　　A. 听不明白　B. 说不清楚　C. 看不懂　　D. 看不出来

3. 老师还没告诉我们，我_____知道什么时候考试？
　　A. 什么　　　B. 多么　　　C. 哪儿　　　D. 多少

4. 这个周末我想在家休息，哪儿_____不想去。
　　A. 也　　　　B. 还　　　　C. 就　　　　D. 才

六、组句 Make sentences.

1. 我　了　忘　被　教室里　优盘　在
　　_____

2. 字幕　懂　他　不　英文　看
　　_____

3. 风俗　我　的　少数　感兴趣　对　民族　很
　　_____

4. 工作　与　的　希望　我　做　有关　旅游　将来
　　_____

七、用括号中的结构完成句子或会话

Complete the sentence or dialogues using the expressions in the parentheses.

1. 我喜欢吃自助餐（zìzhùcān buffet），因为_____。
　　　　　　　　　　　　　　　　　　　　　　　　（……什么……什么）

2. A：听说她的性格不好，没有人喜欢跟她玩儿。
　　B：对，她_____。（连……都……）

3. A：你参加过汉语比赛吗？
　　B：_____。（一……也……）

4. A：马上就要考试了，我担心自己考不好。
　　B：_____。（只要……，就……）

八、造句 Make sentences.

1. 没……吗
   _____

2. 一……就……
   _____

3. 可……了
   _____

4. 被
   _____

5. 只有……，才……
   _____

九、改错 Correct the errors.

例如：他是哪国人吗？（×）

正确句子：<u>他是哪国人？／他是美国人吗？</u>

1. 我看得不出来她已经50岁了。（×）
   正确句子：_____

2. 我现在什么都也不想说。（×）
   正确句子：_____

3. 一放寒假就我去南方旅行。（×）
   正确句子：_____

4. 刚学汉语的时候，我连"你好"不会说。（×）
   正确句子：_____

5. 现在太晚了，可能不买到票了。（×）
   正确句子：_____

十、阅读短文，完成下列练习 Read the passage and do the following exercises.

初看起来，网络与旅游好像没有什么关系，但是随着互联网的普及，人们会发现网络对旅游的帮助越来越大。

前几年我到苏州去旅游，遇见（yùjiàn）两个广东来的青年。我帮他们照相，认识了他们。他们劝我到周庄去看看，说那儿是著名的水乡。听说周庄离苏州只有20多公里，我又以为周庄是个很大的镇子，为了在游览时节省时间，我决定租辆自行车去。原以为有一个多小时就到了，但由于问路时语言不通，绕了很大一个弯儿，用了七个多小时，骑了90公里才到周庄。

第二天在周庄又遇到那两个广东人，他们告诉我还有一个古镇叫同里，也很漂亮，我就又去了同里。

回到家后，有一天看电视才知道，江南有三个著名的水乡古镇，除了周庄、同里以外，还有甪直（lùzhí）。因为我很喜欢江南水乡，第二次去周庄时，我特意去了甪直。到了甪直才知道，第一次骑车去周庄，就是从甪直旁边过去的。

这都是因为我对旅游景点了解太少。后来我去湖南旅游时，就先上网，把旅游路线周围的景点都了解清楚，认真看了景点介绍，然后安排好旅行计划。由于对景点有了了解，所以参观时就很有目的。比如，我过去一直以为毛泽东诗词"才饮长沙水，又食武昌鱼"中的"长沙水"，是指长沙所有的水，在湖南旅游网上，我才知道是指长沙"白沙井"的水，我到长沙时就专门去看了白沙井。

所以我想告诉朋友们，外出旅游时一定要先上网了解一下有关景点的情况，这样才能安排一个合适的旅游计划。

选择正确答案　Choose the correct answers.

1. 关于第二段（dì-èr duàn the second paragraph），下面哪句话是对的？　（　　）
   A. "我"照相的时候看见了周庄。
   B. "我"去广东旅游回来时去了周庄。
   C. "我"去苏州旅游的时候顺便去了周庄。
   D. "我"和两个广东来的青年一起去了周庄。

2. "我"是怎么去周庄的？　（　　）
   A. 走着　　　　B. 骑自行车　　　　C. 坐公共汽车　　　　D. 坐船

3. 为什么"我"去周庄时花了很长时间？　（　　）
   A. 周庄非常远　　B. 问路时没听明白　　C. 骑车太累了　　D. 骑得很慢

4. 下面哪一个不是江南古镇？　（　　）
   A. 周庄　　　　B. 甪直　　　　C. 同里　　　　D. 水乡

5. "我"去湖南旅游以前　（　　）
   A. 学习毛泽东的诗词　　　　　　B. 上网了解景点情况
   C. 有目的地参观　　　　　　　　D. 比较"长沙水"和"长江水"的不同

回答问题　Answer the question.

这篇文章的作者要告诉我们什么？

十一、作文（任选一题，120字以上）

Writing (Choose a topic to write a composition of more than 120 characters.)

1. 介绍一次旅游的经历
2. 谈谈自己学习汉语的进步

———————————

第 1–24 课期末模拟试题

姓名：_____

一、听写句子（10 分，每句 2 分）　　Dictate the sentences.

1. _____

2. _____

3. _____

4. _____

5. _____

初级汉语综合教程（上）练习活页2

二、给括号中的词语选择适当的位置（10分，每题1分）
Choose the right positions for the words in the parentheses.

1. A 安娜 B 喜欢 C 游泳，而且杰克 D 也喜欢游泳。　　　　　　（不但）
2. 这本书 A 他 B 已经 C 读过 D 了。　　　　　　　　　　　　（两遍）
3. 今天要洗的衣服太多了，我 A 洗 B 两个小时也 C 洗 D 完。　　（不）
4. 我们 A 找了 B 半天 C 找到 D 那个孩子。　　　　　　　　　（才）
5. 上课了，大家都 A 走进 B 教室 C 了 D。　　　　　　　　　（来）
6. 她虽然是中国人，但是 A 连一个汉字 B 不 C 会 D 写。　　　（都）
7. 请放心，我一 A 到北京 B 给你 C 打 D 电话。　　　　　　　（就）
8. 我们队长 A 被 B 撞倒了，还好，C 被撞 D 伤。　　　　　　 （没）
9. 以前我常常牙疼 A，吃了这种药以后 B，现在 C 已经不疼 D。（了）
10. A 我 B 把这盆花 C 摆在 D 卧室的窗台上。　　　　　　　　（要）

三、选词填空（10分，每题1分）
Choose the words to fill in the blanks.

1. 已经上课了，大家别说话_____。　　　　　　　　　　（着　　了　　过）
2. 冬天马上_____到了，我又可以滑雪了。　　　　　　　（快要　　就要）
3. 周末我一般在宿舍看书_____跟朋友一起去逛街。　　　（还是　　或者）
4. 我们家乡的夏天_____北京这么热，但是冬天比北京冷。（比　没有　跟）
5. 我已经去过她家好几次了，可还是记不_____她家的地址。（成　住　到）
6. 我除了不喜欢踢足球以外，别的运动_____喜欢。　　　（也　都　还）
7. 他_____父亲的影响，从小就对中国文化感兴趣。　　　（被　受　应）
8. 我们在颐和园照_____照片都洗出来了，张张都很漂亮。（地　的　得）
9. 这是我从书柜里拿的杂志，看完后请把它放_____。　　（上去　过去　回去）
10. 我今天出门时忘带钥匙了，现在_____等同屋回来。　（只好　只是　只要）

四、用括号中的结构或词语完成会话（20分，每题2分）
Complete the dialogues using the expressions or words in the parentheses.

1. A：你跟父母一起来的？
   B：不是，_____。（是……的）

2. A：你汉语说得真好！有什么好方法？

　B：_____。（只要……，就……）

3. A：你去过北京哪些地方？

　B：_____。（除了……（以外），……）

4. A：你的手机呢？

　B：_____。（被）

5. A：明天你去看足球比赛吗？

　B：_____。（要是……，就……）

6. A：你已经过敏好几天了，怎么回事？

　B：_____，吃药也不行。（一……就……）

7. A：哪位是王老师？

　B：_____。（V+着）

8. A：听说下星期六李伟就要结婚了，你要去参加他的婚礼吗？

　B：当然，他是我好朋友，我_____？（怎么）

9. A：你怎么那么喜欢吃自助餐呢？

　B：因为_____。（……什么……什么）

10. A：小王30多岁了，结婚好几年了吧？

　B：没有，他现在_____。（连……都……）

五、组句（10分，每题2分）　Make sentences.

1. 篇　好　把　我　能　作文　写　这

　_____

2. 应该　医院　队长　送　去　马上　把　到　你

　_____

3. 作业　两个　做　我　了　小时　完　做　才　半

　_____

4. 吗　你　黑板上　看　字　清楚　得　的

　_____

5. 姐姐　以后　跟　她　的　就要　男朋友　两个月　了　结婚

　_____

六、根据所给情景完成会话（20分，每句2分）
Complete the dialogues based on the situations given.

1.（爱子和安娜在谈晚上看电影的事情）

　　爱　子：今晚的电影买得到票吗？

　　安　娜：没问题，_____。

　　爱　子：大成跟咱们一起去吗？

　　安　娜：他_____。

　　爱　子：他不是说过很想看这个电影吗？

　　安　娜：唉，_____。

　　爱　子：伤得严重吗？大夫怎么说？

　　安　娜：_____。

　　爱　子：是谁把他送到医院的？

　　安　娜：_____。

　　爱　子：下课以后我们一起去看看他吧。

2.（杰克坐出租车时，把书包忘在车上了）

　　李　伟：你的书包找到了没有？

　　杰　克：_____。

　　李　伟：你要出租车的小票了吗？你知道出租车的号码吗？

　　杰　克：_____。

　　李　伟：你知道出租车公司的名字吗？

　　杰　克：_____。

　　李　伟：你的书包里有什么东西？

　　杰　克：_____。

　　李　伟：放心，里边有学生证，司机看到学生证，一定会给你送回来的。

　　杰　克：_____。

七、综合填空（10分，每空1分）　　Cloze

　　小李常常觉得自己❶_____笨了。课文不❷_____念，作业不会做，很多事情也不懂。怎么样才能让自己变得聪明❸_____呢？

　　有一天，他去找医生。他❹_____医生说："大夫，能不能❺_____我开点儿药吃，让我变得聪明一点儿呢？"医生想❻_____想说："好吧！"，就给了他一瓶药水儿，叫他每天喝一次。

　　过了一个星期，小李❼_____药喝完了。他又来找医生，说："大夫，我已经喝了一个星期药水儿了，为什么还没有变聪明呀？"医生就❽_____给了他一瓶药水儿。

　　又过了一个星期，小李第三❾_____来找医生，说："我已经喝了两瓶药水儿了，怎么还没有变聪明呀？你给我的大概不是药水儿，是糖水吧？"

　　医生听了小李的话，高兴❿_____说："哎呀，你变聪明了！"

八、作文（10分，任选一题，120字以上）

Writing (Choose a topic to write a composition of more than 120 characters.)

1. 我的房间
2. 一件小事
3. 一次旅行的经历

120字

240字